ESTE PLANNER PERTENCE A

Ágape

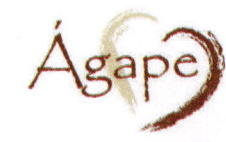

Dados pessoais

NOME:

RG: CPF:

ENDEREÇO:

TELEFONE:

CELULAR / WHATSAPP:

E-MAIL:

Redes sociais

Sobre o planner

Me chamo Tati Soeiro.

Sou esposa do Rodrigo Soeiro, mãe do Davi e do Lorenzo, formada em Odontologia e Teologia. Hoje pastoreio a igreja ADAI, junto ao meu esposo, e também lidero o Movimento Flores, que é o movimento de mulheres da nossa igreja.

Em todos esses anos de Movimento Flores, Deus tem nos direcionado a viver de maneira corajosa em resposta ao Seu chamado. Tem sido desafiador, mas ao mesmo tempo revigorante, viver tudo o que o Senhor tem para cada uma de nós, individualmente e também em comunidade.

O planner Vida foi criado com muito carinho, para que você se torne realmente a pessoa que deseja ser. Para isso, eu gostaria de fazer as seguintes perguntas:

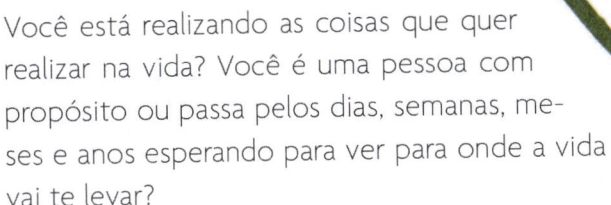

Você está realizando as coisas que quer realizar na vida? Você é uma pessoa com propósito ou passa pelos dias, semanas, meses e anos esperando para ver para onde a vida vai te levar?

Quando vivemos uma vida improdutiva, não devemos culpar as circunstâncias, as outras pessoas, a maneira como o mundo é hoje ou qualquer outra coisa. Deus nos criou e nos deu o livre-arbítrio. Isso significa que temos a capacidade de fazer escolhas em todas as áreas da vida e, se não fizermos nossas próprias escolhas guiadas por Deus, acabaremos com nada, além de frustrações.

Deus tem uma vontade e um propósito para cada uma de nós, e o desejo Dele é o de que usemos o nosso livre-arbítrio para escolher a Sua vontade para que possamos desfrutar da melhor vida possível.

Espero e oro para que você ande nessa verdade nos próximos doze meses, aproveitando a VIDA e fazendo valer cada momento para realizar o seu propósito! Também oro para que este planner te ajude nessa missão.

No amor de Cristo Jesus,
Tati Soeiro

Oração de Consagração

Use este espaço para fazer uma oração a Deus, consagrando o seu novo ano a Ele e pedindo também que este planner auxilie em sua VIDA.

....
....
....
....
....
....
....
....
....

Metas e sonhos para este ano

Vida pessoal e social
- [ ]
- [ ]
- [ ]
- [ ]
- [ ]
- [ ]
- [ ]
- [ ]
- [ ]
- [ ]

Vida profissional
- [ ]
- [ ]
- [ ]
- [ ]
- [ ]
- [ ]
- [ ]
- [ ]
- [ ]
- [ ]

Igreja e vida espiritual
- [ ]
- [ ]
- [ ]
- [ ]
- [ ]
- [ ]
- [ ]
- [ ]
- [ ]
- [ ]

Outras metas
- [ ]
- [ ]
- [ ]
- [ ]
- [ ]
- [ ]
- [ ]
- [ ]
- [ ]
- [ ]

Checklist de leitura bíblica

ANTIGO TESTAMENTO
Pentateuco

Gênesis

1	2	3	4	5	6	7	8	9	10	11	12	13
14	15	16	17	18	19	20	21	22	23	24	25	26
27	28	29	30	31	32	33	34	35	36	37	38	39
40	41	42	43	44	45	46	47	48	49	50		

Êxodo

1	2	3	4	5	6	7	8	9	10	11	12	13
14	15	16	17	18	19	20	21	22	23	24	25	26
27	28	29	30	31	32	33	34	35	36	37	38	39
40												

Levítico

1	2	3	4	5	6	7	8	9	10	11	12	13
14	15	16	17	18	19	20	21	22	23	24	25	26
27												

Números

1	2	3	4	5	6	7	8	9	10	11	12	13
14	15	16	17	18	19	20	21	22	23	24	25	26
27	28	29	30	31	32	33	34	35	36			

Deuteronômio

1	2	3	4	5	6	7	8	9	10	11	12	13
14	15	16	17	18	19	20	21	22	23	24	25	26
27	28	29	30	31	32	33	34					

Livros históricos

Josué
1	2	3	4	5	6	7	8	9	10	11	12	13
14	15	16	17	18	19	20	21	22	23	24		

Juízes
1	2	3	4	5	6	7	8	9	10	11	12	13
14	15	16	17	18	19	20	21					

Rute
1	2	3	4

I Samuel
1	2	3	4	5	6	7	8	9	10	11	12	13
14	15	16	17	18	19	20	21	22	23	24	25	26
27	28	29	30	31								

II Samuel
1	2	3	4	5	6	7	8	9	10	11	12	13
14	15	16	17	18	19	20	21	22	23	24		

I Reis
1	2	3	4	5	6	7	8	9	10	11	12	13
14	15	16	17	18	19	20	21	22				

II Reis
1	2	3	4	5	6	7	8	9	10	11	12	13
14	15	16	17	18	19	20	21	22	23	24	25	

I Crônicas
1	2	3	4	5	6	7	8	9	10	11	12	13
14	15	16	17	18	19	20	21	22	23	24	25	26
27	28	29										

II Crônicas

1	2	3	4	5	6	7	8	9	10	11	12	13
14	15	16	17	18	19	20	21	22	23	24	25	26
27	28	29	30	31	32	33	34	35	36			

Esdras

1	2	3	4	5	6	7	8	9	10

Neemias

1	2	3	4	5	6	7	8	9	10	11	12	13

Ester

1	2	3	4	5	6	7	8	9	10

Jó

1	2	3	4	5	6	7	8	9	10	11	12	13
14	15	16	17	18	19	20	21	22	23	24	25	26
27	28	29	30	31	32	33	34	35	36	37	38	39
40	41	42										

Salmos

1	2	3	4	5	6	7	8	9	10	11	12	13
14	15	16	17	18	19	20	21	22	23	24	25	26
27	28	29	30	31	32	33	34	35	36	37	38	39
40	41	42	43	44	45	46	47	48	49	50	51	52
53	54	55	56	57	58	59	60	61	62	63	64	65
66	67	68	69	70	71	72	73	74	75	76	77	78
79	80	81	82	83	84	85	86	87	88	89	90	91
92	93	94	95	96	97	98	99	100	101	102	103	104
105	106	107	108	109	110	111	112	113	114	115	116	117
118	119	120	121	122	123	124	125	126	127	128	129	130
131	132	133	134	135	136	137	138	139	140	141	142	143
144	145	146	147	148	149	150						

Provérbios

1	2	3	4	5	6	7	8	9	10	11	12	13
14	15	16	17	18	19	20	21	22	23	24	25	26
27	28	29	30	31								

Eclesiastes

1	2	3	4	5	6	7	8	9	10	11	12

Cântico dos Cânticos

1	2	3	4	5	6	7	8

Isaías

1	2	3	4	5	6	7	8	9	10	11	12	13
14	15	16	17	18	19	20	21	22	23	24	25	26
27	28	29	30	31	32	33	34	35	36	37	38	39
40	41	42	43	44	45	46	47	48	49	50	51	52
53	54	55	56	57	58	59	60	61	62	63	64	65
66												

Jeremias

1	2	3	4	5	6	7	8	9	10	11	12	13
14	15	16	17	18	19	20	21	22	23	24	25	26
27	28	29	30	31	32	33	34	35	36	37	38	39
40	41	42	43	44	45	46	47	48	49	50	51	52

Lamentações

1	2	3	4	5

Ezequiel

1	2	3	4	5	6	7	8	9	10	11	12	13
14	15	16	17	18	19	20	21	22	23	24	25	26
27	28	29	30	31	32	33	34	35	36	37	38	39
40	41	42	43	44	45	46	47	48				

Daniel
| 1 | 2 | 3 | 4 | 5 | 6 | 7 | 8 | 9 | 10 | 11 | 12 |

Oseias
| 1 | 2 | 3 | 4 | 5 | 6 | 7 | 8 | 9 | 10 | 11 | 12 | 13 |
| 14 |

Joel
| 1 | 2 | 3 |

Amós
| 1 | 2 | 3 | 4 | 5 | 6 | 7 | 8 | 9 |

Obadias
| 1 |

Jonas
| 1 | 2 | 3 | 4 |

Miqueias
| 1 | 2 | 3 | 4 | 5 | 6 | 7 |

Naum
| 1 | 2 | 3 |

Habacuque
| 1 | 2 | 3 |

Sofonias
| 1 | 2 | 3 |

Ageu
| 1 | 2 |

Zacarias

1	2	3	4	5	6	7	8	9	10	11	12	13
14												

Malaquias

1	2	3	4

NOVO TESTAMENTO

Mateus

1	2	3	4	5	6	7	8	9	10	11	12	13
14	15	16	17	18	19	20	21	22	23	24	25	26
27	28											

Marcos

1	2	3	4	5	6	7	8	9	10	11	12	13
14	15	16										

Lucas

1	2	3	4	5	6	7	8	9	10	11	12	13
14	15	16	17	18	19	20	21	22	23	24		

João

1	2	3	4	5	6	7	8	9	10	11	12	13
14	15	16	17	18	19	20	21					

Atos dos Apóstolos

1	2	3	4	5	6	7	8	9	10	11	12	13
14	15	16	17	18	19	20	21	22	23	24	25	26
27	28											

Romanos

1	2	3	4	5	6	7	8	9	10	11	12	13
14	15	16										

I Coríntios
1	2	3	4	5	6	7	8	9	10	11	12	13
14	15	16										

II Coríntios
1	2	3	4	5	6	7	8	9	10	11	12	13

Gálatas
1	2	3	4	5	6

Efésios
1	2	3	4	5	6

Filipenses
1	2	3	4

Colossenses
1	2	3	4

I Tessalonicenses
1	2	3	4	5

II Tessalonicenses
1	2	3

I Timóteo
1	2	3	4	5	6

II Timóteo
1	2	3	4

Tito
1	2	3

Filemom
1

Hebreus
| 1 | 2 | 3 | 4 | 5 | 6 | 7 | 8 | 9 | 10 | 11 | 12 | 13 |

Tiago
| 1 | 2 | 3 | 4 | 5 |

I Pedro
| 1 | 2 | 3 | 4 | 5 |

II Pedro
| 1 | 2 | 3 |

I João
| 1 | 2 | 3 | 4 | 5 |

II João
1

III João
1

Judas
1

Apocalipse
| 1 | 2 | 3 | 4 | 5 | 6 | 7 | 8 | 9 | 10 | 11 | 12 | 13 |
| 14 | 15 | 16 | 17 | 18 | 19 | 20 | 21 | 22 | | | | |

VISÃO SEMESTRAL

JANEIRO	FEVEREIRO	MARÇO

ABRIL	MAIO	JUNHO

VISÃO SEMESTRAL

JULHO	AGOSTO	SETEMBRO

OUTUBRO	NOVEMBRO	DEZEMBRO

DESCOBRINDO SUA VERDADEIRA IDENTIDADE EM DEUS

1.

Devocional

GÊNESIS 18:9-10

"'Onde está Sara, sua mulher?', perguntaram os visitantes. 'Está dentro da tenda', respondeu Abraão. Então um deles disse: 'Voltarei a visitar você por esta época, no ano que vem, e sua mulher, Sara, terá um filho'. Sara estava ouvindo a conversa de dentro da tenda."

A história de Sara na Bíblia é uma jornada incrível de fé, esperança e descoberta da identidade. Ela enfrentou desafios, incertezas e momentos de dúvida, mas também experimentou a fidelidade de Deus de maneira poderosa. Nesta devocional, exploraremos a vida de Sara e as lições que podemos aprender sobre como encontrar nossa verdadeira identidade em Deus.

Sara enfrentou anos de infertilidade, uma luta que afetou profundamente sua identidade como mulher e esposa. Quando Sara ouviu a promessa de Deus de que ela teria um filho, ela riu. Esse riso inicial era de incredulidade, mas Deus transformou em riso de alegria. Às vezes, nossa identidade é marcada por dúvidas e risos de incredulidade, mas Deus pode transformar esses momentos em alegria e fé.

Em certo momento, Sara tentou tomar o controle da situação e ofereceu sua serva, Agar, a Abraão como uma maneira de ter filhos. Isso revela como a impaciência e a autossuficiência podem distorcer nossa identidade e nos levar a tomar decisões precipitadas. Devemos aprender a confiar no tempo de Deus e em Seu plano perfeito.

Quando Sara tinha 90 anos, Deus finalmente cumpriu Sua promessa de dar a ela um filho. Isso mostra que, mesmo quando pensamos que é tarde demais, Deus pode fazer o impossível. Nossa identidade não está limitada por nossa idade, circunstâncias ou limitações humanas. Confie na promessa de Deus para a sua vida.

Sara viveu uma vida longa e viu a promessa de Deus cumprida. Ela faleceu aos 127 anos, deixando um legado de fé e confiança. Sua identidade estava enraizada na fé que ela tinha em Deus, e isso é um exemplo para todas nós.

Reflexão

Assim como Sara encontrou sua verdadeira identidade em Deus ao longo de sua jornada, também podemos aprender a confiar nas promessas de Deus, mesmo quando enfrentamos desafios e dúvidas. Que a história de Sara nos inspire a descobrir nossa identidade e a confiar no plano perfeito de Deus para nossa vida.

Oração

Querido Deus, peço que me ajudes a confiar em Tuas promessas, mesmo quando enfrento desafios e dúvidas. Que a minha identidade seja enraizada na fé e na confiança em Teu plano perfeito para a minha vida. Amém.

NOTAS

IMPORTANTE

LISTA DE TAREFAS

- ◯ ....
- ◯ ....
- ◯ ....
- ◯ ....
- ◯ ....
- ◯ ....
- ◯ ....
- ◯ ....
- ◯ ....
- ◯ ....
- ◯ ....

Outras informações:

OBJETIVOS E METAS DO MÊS

Devocional 1
COLECIONE MOMENTOS

Segunda-feira	Terça-feira	Quarta-feira	Quinta-feira
___/___/___	___/___/___	___/___/___	___/___/___
___/___/___	___/___/___	___/___/___	___/___/___
___/___/___	___/___/___	___/___/___	___/___/___
___/___/___	___/___/___	___/___/___	___/___/___
___/___/___	___/___/___	___/___/___	___/___/___
___/___/___	___/___/___	___/___/___	___/___/___

Sexta-feira	Sábado	Domingo
__/__/__	__/__/__	__/__/__
__/__/__	__/__/__	__/__/__
__/__/__	__/__/__	__/__/__
__/__/__	__/__/__	__/__/__
__/__/__	__/__/__	__/__/__
__/__/__	__/__/__	__/__/__

SEMANA 1

SEGUNDA-FEIRA	TERÇA-FEIRA	QUARTA-FEIRA	QUINTA-FEIRA
○ ○ ○	○ ○ ○	○ ○ ○	○ ○ ○
○ ○ ○	○ ○ ○	○ ○ ○	○ ○ ○
○ ○ ○	○ ○ ○	○ ○ ○	○ ○ ○

SEMANA 1

SEXTA-FEIRA | **SÁBADO** | **DOMINGO**

PESSOAS IMPORTANTES

LISTA DE TAREFAS

MOMENTOS ESPECIAIS

SEMANA 2

SEGUNDA-FEIRA	TERÇA-FEIRA	QUARTA-FEIRA	QUINTA-FEIRA
○ ○ ○	○ ○ ○	○ ○ ○	○ ○ ○
○ ○ ○	○ ○ ○	○ ○ ○	○ ○ ○
○ ○ ○	○ ○ ○	○ ○ ○	○ ○ ○

SEMANA 2

SEXTA-FEIRA	SÁBADO	DOMINGO

PESSOAS IMPORTANTES

LISTA DE TAREFAS

MOMENTOS ESPECIAIS

SEMANA 3

SEXTA-FEIRA	SÁBADO	DOMINGO

PESSOAS IMPORTANTES

LISTA DE TAREFAS

MOMENTOS ESPECIAIS

SEMANA 4

SEGUNDA-FEIRA	TERÇA-FEIRA	QUARTA-FEIRA	QUINTA-FEIRA
○○○	○○○	○○○	○○○
○○○	○○○	○○○	○○○
○○○	○○○	○○○	○○○

SEMANA 4

SEXTA-FEIRA	SÁBADO	DOMINGO

PESSOAS IMPORTANTES

LISTA DE TAREFAS

MOMENTOS ESPECIAIS

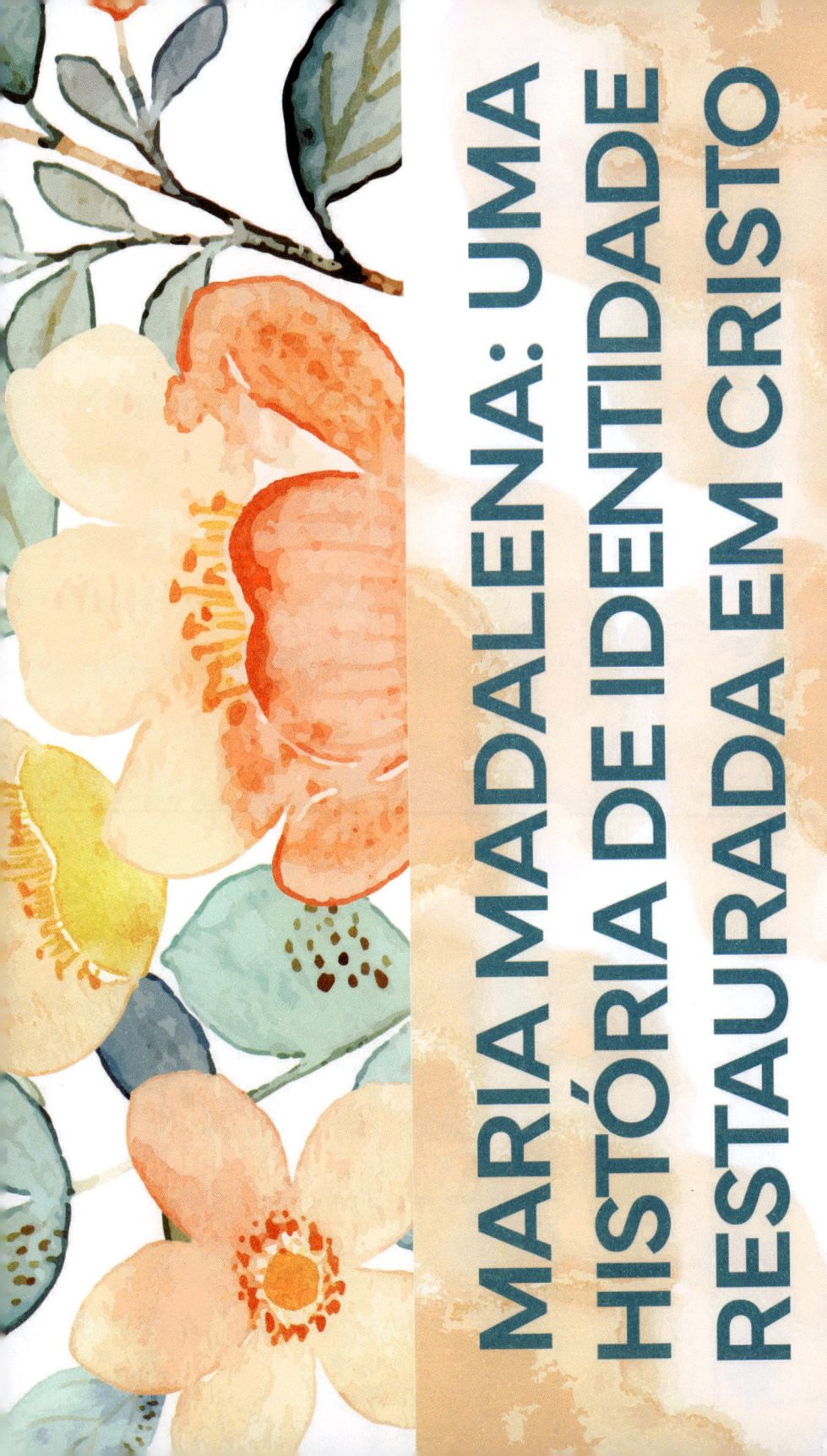

MARIA MADALENA: UMA HISTÓRIA DE IDENTIDADE RESTAURADA EM CRISTO

2.

Devocional

LUCAS 8:1-2
"Pouco tempo depois, Jesus começou a percorrer as cidades e os povoados vizinhos, anunciando as boas-novas a respeito do reino de Deus. Iam com ele os Doze e também algumas mulheres que tinham sido curadas de espíritos impuros e enfermidades. Entre elas, estava Maria Madalena, de quem ele havia expulsado sete demônios."

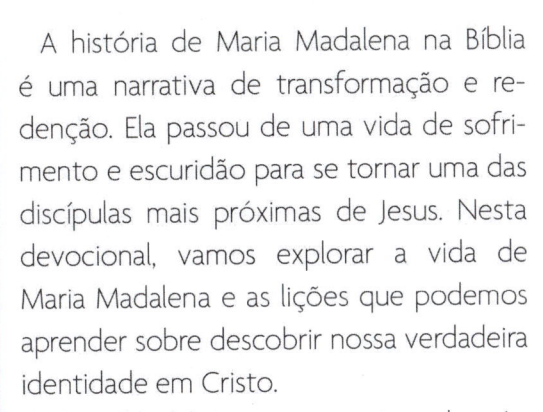

A história de Maria Madalena na Bíblia é uma narrativa de transformação e redenção. Ela passou de uma vida de sofrimento e escuridão para se tornar uma das discípulas mais próximas de Jesus. Nesta devocional, vamos explorar a vida de Maria Madalena e as lições que podemos aprender sobre descobrir nossa verdadeira identidade em Cristo.

Maria Madalena, como muitas de nós, pode ter enfrentado momentos em que sua identidade estava confusa ou comprometida. Ela foi atormentada por demônios e sofreu, mas quando encontrou Jesus, tudo mudou. Ele a libertou dos demônios que a atormentavam e a restaurou a uma vida significativa.

Da mesma forma, podemos lutar com questões de autoestima, pecado ou culpa.

No entanto, quando nos voltamos para Cristo, Ele nos revela nossa verdadeira identidade como filhas amadas de Deus. Encontramos redenção e perdão para nossos pecados e erros. Nossa identidade não é definida por nossos erros passados, mas pela graça de Deus que nos restaura.

Maria Madalena foi uma das poucas que permaneceu ao pé da cruz de Jesus durante

Sua crucificação. Sua devoção e fidelidade a Ele mostram como nossa identidade em Cristo pode nos levar a seguir fielmente, mesmo em tempos difíceis. Quando enfrentamos desafios, podemos confiar em nossa identidade como seguidoras de Cristo para nos dar força.

Maria Madalena foi a primeira a testemunhar a ressurreição de Jesus e recebeu a grande tarefa de proclamar a boa notícia aos outros. Assim como ela, nossa identidade em Cristo nos capacita a ser testemunhas do poder e da graça de Jesus em nossa própria vida. Somos comissionadas a compartilhar o evangelho e fazer discípulos.

Reflexão

Maria Madalena nos lembra que, em Cristo, nossa identidade é transformada, restaurada e revigorada. Podemos superar nossos passados, encontrar redenção e cumprir a missão de proclamar o evangelho. Que sua jornada nos inspire a buscar nossa verdadeira identidade e a viver com propósito e paixão em Sua graça.

Oração

Querido Deus, assim como Maria Madalena, uma mulher da Bíblia, encontrou sua verdadeira identidade em Ti, eu, como mulher, desejo profundamente descobrir minha identidade. Ajuda-me a encontrar redenção e perdão em Tua graça, a ser fiel e devota a Ti, e a cumprir o meu propósito de compartilhar o Teu amor e a Tua verdade com todos ao meu redor. Que minha vida reflita a transformação que só Tu podes realizar. Amém.

OBJETIVOS E METAS DO MÊS

NOTAS

IMPORTANTE

LISTA DE TAREFAS
- ☐
- ☐
- ☐
- ☐
- ☐
- ☐
- ☐
- ☐
- ☐
- ☐

Outras informações:

Devocional 2
COLECIONE MOMENTOS

Segunda-feira	Terça-feira	Quarta-feira	Quinta-feira
___/___/___	___/___/___	___/___/___	___/___/___
___/___/___	___/___/___	___/___/___	___/___/___
___/___/___	___/___/___	___/___/___	___/___/___
___/___/___	___/___/___	___/___/___	___/___/___
___/___/___	___/___/___	___/___/___	___/___/___
___/___/___	___/___/___	___/___/___	___/___/___

....
....
....
....
....

Sexta-feira	Sábado	Domingo
___/___/___	___/___/___	___/___/___
___/___/___	___/___/___	___/___/___
___/___/___	___/___/___	___/___/___
___/___/___	___/___/___	___/___/___
___/___/___	___/___/___	___/___/___
___/___/___	___/___/___	___/___/___

SEMANA 1

SEGUNDA-FEIRA	TERÇA-FEIRA	QUARTA-FEIRA	QUINTA-FEIRA
○○○	○○○	○○○	○○○
○○○	○○○	○○○	○○○
○○○	○○○	○○○	○○○

SEMANA 1

SEXTA-FEIRA	SÁBADO	DOMINGO

PESSOAS IMPORTANTES

LISTA DE TAREFAS

MOMENTOS ESPECIAIS

SEMANA 2

SEGUNDA-FEIRA	TERÇA-FEIRA	QUARTA-FEIRA	QUINTA-FEIRA
○ ○ ○	○ ○ ○	○ ○ ○	○ ○ ○
○ ○ ○	○ ○ ○	○ ○ ○	○ ○ ○
○ ○ ○	○ ○ ○	○ ○ ○	○ ○ ○

SEMANA 2

SEXTA-FEIRA	SÁBADO	DOMINGO

PESSOAS IMPORTANTES

LISTA DE TAREFAS

MOMENTOS ESPECIAIS

SEMANA 3

SEGUNDA-FEIRA	TERÇA-FEIRA	QUARTA-FEIRA	QUINTA-FEIRA
○○○	○○○	○○○	○○○
○○○	○○○	○○○	○○○
○○○	○○○	○○○	○○○

SEMANA 3

SEXTA-FEIRA	SÁBADO	DOMINGO

PESSOAS IMPORTANTES

LISTA DE TAREFAS

MOMENTOS ESPECIAIS

SEMANA 4

SEGUNDA-FEIRA	TERÇA-FEIRA	QUARTA-FEIRA	QUINTA-FEIRA
○○○	○○○	○○○	○○○
○○○	○○○	○○○	○○○
○○○	○○○	○○○	○○○

SEMANA 4

SEXTA-FEIRA	SÁBADO	DOMINGO

PESSOAS IMPORTANTES

LISTA DE TAREFAS

MOMENTOS ESPECIAIS

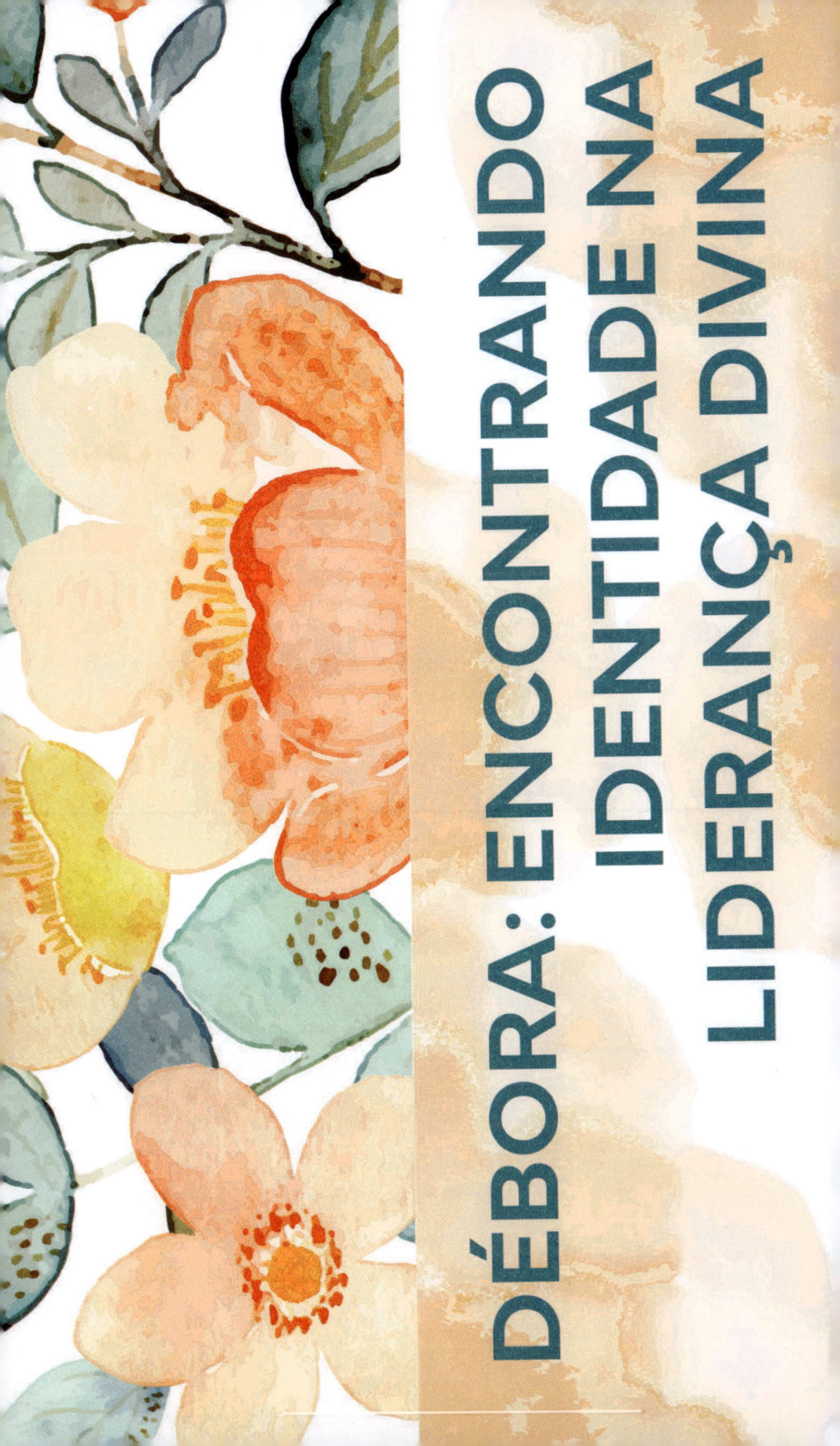

DÉBORA: ENCONTRANDO IDENTIDADE NA LIDERANÇA DIVINA

3.

Devocional

JUÍZES 4:4-5
"Quem julgava Israel nessa época era Débora, uma profetisa, mulher de Lapidote. Ela costumava sentar-se debaixo da Palmeira de Débora, entre Ramá e Betel, na região montanhosa de Efraim, e os israelitas a procuravam para que ela julgasse suas questões."

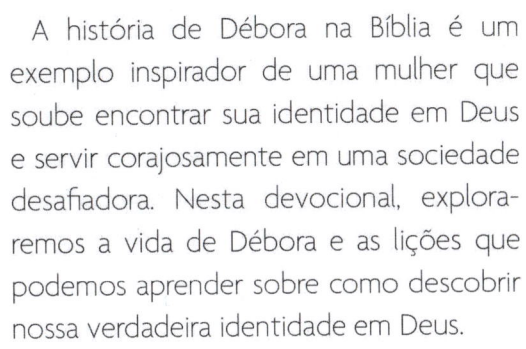

A história de Débora na Bíblia é um exemplo inspirador de uma mulher que soube encontrar sua identidade em Deus e servir corajosamente em uma sociedade desafiadora. Nesta devocional, exploraremos a vida de Débora e as lições que podemos aprender sobre como descobrir nossa verdadeira identidade em Deus.

Débora foi uma profetisa, juíza e líder em Israel em um tempo de instabilidade. Ela não deixou que as expectativas culturais machistas a limitassem, mas abraçou sua chamada divina. Débora tinha uma profunda conexão com Deus e buscava Sua orientação. Como resultado, ela foi usada por Deus para dar conselhos sábios e liderar Israel em tempos difíceis. Ela liderou Israel em uma batalha crucial contra Sísera, o comandante do exército cananeu. Sua coragem e fé em Deus foram fundamentais para a vitória.

Isso nos lembra que nossa identidade não é definida pelas normas da sociedade, mas pelo chamado que Deus tem para nós. Como Débora, podemos encontrar nossa verdadeira identidade ao seguir a vontade de Deus para nossa vida. Quando buscamos a sabedoria e a orientação de Deus, nossa identidade é fortalecida, e somos capacitadas a influenciar positivamente aqueles ao nosso redor. Em nossa jornada, também enfrentaremos desafios, mas podemos encontrar nossa identidade em Deus quando confiamos Nele e enfrentamos os obstáculos com coragem.

Débora não apenas liderou Israel, mas também inspirou Baraque, o comandante do exército, a agir com coragem. Sua influência positiva destaca em como podemos ser instrumentos de encorajamento e inspiração para outros quando nossa identidade está enraizada em Cristo.

Reflexão

Débora nos ensina que nossa identidade em Deus nos capacita a abraçar nosso chamado, buscar Sua sabedoria, agir com coragem e influenciar positivamente aqueles ao nosso redor. Que sua vida inspire cada uma de nós a descobrir nossa verdadeira identidade e a servir com paixão e propósito em Seu nome.

Oração

Querido Deus, ajuda-me a abraçar Teu chamado para minha vida, a buscar Tua sabedoria e a agir com coragem nos desafios. Que minha vida seja uma fonte de influência positiva e inspiração para outros. Amém.

NOTAS

IMPORTANTE

LISTA DE TAREFAS

-
-
-
-
-
-
-
-
-
-

Outras informações:

OBJETIVOS E METAS DO MÊS

Devocional 3
COLECIONE MOMENTOS

Segunda-feira	Terça-feira	Quarta-feira	Quinta-feira
___/___/___	___/___/___	___/___/___	___/___/___
___/___/___	___/___/___	___/___/___	___/___/___
___/___/___	___/___/___	___/___/___	___/___/___
___/___/___	___/___/___	___/___/___	___/___/___
___/___/___	___/___/___	___/___/___	___/___/___
___/___/___	___/___/___	___/___/___	___/___/___

Sexta-feira	Sábado	Domingo
___/___/___	___/___/___	___/___/___
___/___/___	___/___/___	___/___/___
___/___/___	___/___/___	___/___/___
___/___/___	___/___/___	___/___/___
___/___/___	___/___/___	___/___/___
___/___/___	___/___/___	___/___/___

SEMANA 1

SEGUNDA-FEIRA	TERÇA-FEIRA	QUARTA-FEIRA	QUINTA-FEIRA
○ ○ ○	○ ○ ○	○ ○ ○	○ ○ ○
○ ○ ○	○ ○ ○	○ ○ ○	○ ○ ○
○ ○ ○	○ ○ ○	○ ○ ○	○ ○ ○

SEMANA 1

SEXTA-FEIRA	SÁBADO	DOMINGO

PESSOAS IMPORTANTES

LISTA DE TAREFAS

MOMENTOS ESPECIAIS

SEMANA 2

SEGUNDA-FEIRA	TERÇA-FEIRA	QUARTA-FEIRA	QUINTA-FEIRA
○○○	○○○	○○○	○○○
○○○	○○○	○○○	○○○
○○○	○○○	○○○	○○○

SEMANA 2

SEXTA-FEIRA	SÁBADO	DOMINGO

PESSOAS IMPORTANTES

LISTA DE TAREFAS

MOMENTOS ESPECIAIS

SEMANA 3

SEGUNDA-FEIRA	TERÇA-FEIRA	QUARTA-FEIRA	QUINTA-FEIRA
○○○	○○○	○○○	○○○
○○○	○○○	○○○	○○○
○○○	○○○	○○○	○○○

SEMANA 3

SEXTA-FEIRA	SÁBADO	DOMINGO

PESSOAS IMPORTANTES

LISTA DE TAREFAS

MOMENTOS ESPECIAIS

SEMANA 4

SEGUNDA-FEIRA	TERÇA-FEIRA	QUARTA-FEIRA	QUINTA-FEIRA
○ ○ ○	○ ○ ○	○ ○ ○	○ ○ ○
○ ○ ○	○ ○ ○	○ ○ ○	○ ○ ○
○ ○ ○	○ ○ ○	○ ○ ○	○ ○ ○

SEMANA 4

SEXTA-FEIRA	SÁBADO	DOMINGO

PESSOAS IMPORTANTES

LISTA DE TAREFAS

....
....
....
....
....
....
....
....

MOMENTOS ESPECIAIS

PRISCILA: UMA MULHER DE IDENTIDADE FIRME EM PARCERIA COM DEUS

4.

Devocional

ROMANOS 16:3-5
"Deem minhas saudações a Priscila e Áquila, meus colaboradores no serviço de Cristo Jesus. Certa vez, eles arriscaram a vida por mim. Sou grato a eles, e também o são todas as igrejas dos gentios. Saúdem a igreja que se reúne na casa deles. Saúdem também meu querido amigo Epêneto, que foi o primeiro seguidor de Cristo na província da Ásia."

A história de Priscila na Bíblia é um testemunho inspirador de uma mulher que encontrou sua identidade em parceria com Deus e serviu com coragem ao lado de seu marido Áquila. Nesta devocional, exploraremos a vida de Priscila e as lições que podemos aprender sobre como descobrir nossa verdadeira identidade em parceria com Deus.

Priscila e Áquila eram um casal unido que serviu a Cristo juntos. Eles abriram sua casa para a igreja e ensinaram Apolo de forma mais completa sobre o caminho do Senhor. A identidade de Priscila estava profundamente enraizada em seu relacionamento com Deus e em seu ministério ao lado de seu marido. Isso nos ensina que a identidade não é encontrada apenas individualmente, mas também na parceria e no serviço a Deus com aqueles que amamos.

Priscila desempenhou um papel ativo no ensino e no discipulado de Apolo, ajudando-o a crescer em seu entendimento das Escrituras. Priscila e Áquila abriram sua casa para a comunidade cristã. Sua hospitalidade criou um ambiente acolhedor para o crescimento espiritual e a comunhão. Eles enfrentaram desafios e oposições em seu ministério, mas permaneceram firmes em sua fé. A coragem e a determinação de Priscila são um testemunho de como nossa identidade em Deus nos dá força para perseverar em meio às adversidades.

Como Priscila, podemos encontrar nossa identidade em servir e discipular outros na fé. Quando compartilhamos nossos conhecimentos e experiências para o crescimento espiritual de outros, nossa identidade é fortalecida, podemos florescer quando nos envolvemos em comunidade e estendemos a mão para os outros em amor e hospitalidade.

Reflexão

A história de Priscila nos ensina que nossa identidade pode ser encontrada na parceria com Deus, no serviço aos outros, no ensino, na hospitalidade e na coragem em meio às dificuldades. Que sua vida inspire cada uma de nós a descobrir nossa verdadeira identidade em Cristo, seja individualmente ou em parceria com aqueles que amamos, e a servir com paixão e propósito em Seu nome.

Oração

Querido Pai Celestial, peço profundamente por Tua ajuda a reconhecer que minha identidade é fortalecida quando caminho em unidade contigo e com aqueles que amo, quando compartilho minha fé, quando sirvo com amor e quando enfrento os desafios com coragem. Que minha vida reflita a determinação, a hospitalidade e a fé firme de Priscila. Amém.

NOTAS

IMPORTANTE

LISTA DE TAREFAS
- ○ ......
- ○ ......
- ○ ......
- ○ ......
- ○ ......
- ○ ......
- ○ ......
- ○ ......
- ○ ......
- ○ ......

Outras informações:

OBJETIVOS E METAS DO MÊS

Devocional 4

COLECIONE MOMENTOS

Segunda-feira	Terça-feira	Quarta-feira	Quinta-feira
___/___/___	___/___/___	___/___/___	___/___/___
___/___/___	___/___/___	___/___/___	___/___/___
___/___/___	___/___/___	___/___/___	___/___/___
___/___/___	___/___/___	___/___/___	___/___/___
___/___/___	___/___/___	___/___/___	___/___/___
___/___/___	___/___/___	___/___/___	___/___/___

....
....
....
....
....

Sexta-feira	Sábado	Domingo
___/___/___	___/___/___	___/___/___
___/___/___	___/___/___	___/___/___
___/___/___	___/___/___	___/___/___
___/___/___	___/___/___	___/___/___
___/___/___	___/___/___	___/___/___
___/___/___	___/___/___	___/___/___

SEMANA 1

SEGUNDA-FEIRA	TERÇA-FEIRA	QUARTA-FEIRA	QUINTA-FEIRA
○○○	○○○	○○○	○○○
○○○	○○○	○○○	○○○
○○○	○○○	○○○	○○○

SEMANA 1

SEXTA-FEIRA	SÁBADO	DOMINGO

PESSOAS IMPORTANTES

LISTA DE TAREFAS

MOMENTOS ESPECIAIS

SEMANA 2

SEGUNDA-FEIRA	TERÇA-FEIRA	QUARTA-FEIRA	QUINTA-FEIRA
○○○	○○○	○○○	○○○
○○○	○○○	○○○	○○○
○○○	○○○	○○○	○○○

SEMANA 2

SEXTA-FEIRA	SÁBADO	DOMINGO

PESSOAS IMPORTANTES

LISTA DE TAREFAS

MOMENTOS ESPECIAIS

SEMANA 3

SEGUNDA-FEIRA	TERÇA-FEIRA	QUARTA-FEIRA	QUINTA-FEIRA
○ ○ ○	○ ○ ○	○ ○ ○	○ ○ ○
○ ○ ○	○ ○ ○	○ ○ ○	○ ○ ○
○ ○ ○	○ ○ ○	○ ○ ○	○ ○ ○

SEMANA 3

SEXTA-FEIRA	SÁBADO	DOMINGO

PESSOAS IMPORTANTES

LISTA DE TAREFAS

MOMENTOS ESPECIAIS

SEMANA 4

SEGUNDA-FEIRA	TERÇA-FEIRA	QUARTA-FEIRA	QUINTA-FEIRA
○ ○ ○	○ ○ ○	○ ○ ○	○ ○ ○
○ ○ ○	○ ○ ○	○ ○ ○	○ ○ ○
○ ○ ○	○ ○ ○	○ ○ ○	○ ○ ○

SEMANA 4

SEXTA-FEIRA	SÁBADO	DOMINGO

PESSOAS IMPORTANTES

LISTA DE TAREFAS

MOMENTOS ESPECIAIS

ENCONTRANDO PERTENCIMENTO NA PROVISÃO DE DEUS

5.

Devocional

REIS 17:8-14

"Então o Senhor disse a Elias: 'Vá morar em Sarepta, perto da cidade de Sidom. Dei ordem a uma viúva que mora ali para lhe dar alimento'. Elias foi a Sarepta. Quando chegou ao portão da cidade, viu uma viúva apanhando gravetos e lhe perguntou: 'Pode me dar um pouco de água para beber, por favor?'. Enquanto ela ia buscar a água, ele disse: 'Traga também um pedaço de pão'. Mas ela respondeu: 'Tão certo como vive o Senhor, seu Deus, não tenho um pedaço sequer de pão em casa. Tenho apenas um punhado de farinha que restou numa vasilha e um pouco de azeite no fundo do jarro. Estava apanhando alguns gravetos para preparar esta última refeição, e depois meu filho e eu morreremos'. Elias, porém, disse: 'Não tenha medo! Faça o que acabou de dizer, mas primeiro faça um pouco de pão para mim. Depois, use o resto para preparar uma refeição para você e seu filho. Pois assim diz o Senhor, Deus de Israel: 'Sempre haverá farinha na vasilha e azeite no jarro, até o dia em que o Senhor enviar chuva.'"

A história da viúva de Sarepta na Bíblia é um testemunho emocionante de como uma mulher em tempos de desespero encontrou pertencimento na provisão sobrenatural de Deus. Nesta devocional, exploraremos a vida da viúva de Sarepta e as lições que podemos aprender sobre encontrar pertencimento em Deus.

A viúva de Sarepta enfrentava uma situação desesperadora, com recursos quase esgotados e a ameaça de fome. Ela se sentia sem esperança e isolada. Deus direcionou o profeta Elias até a viúva para receber alimento e sustento. Este encontro foi providencial e revela como

Deus se importa com as necessidades individuais de cada uma de nós. O pertencimento que procuramos muitas vezes começa quando reconhecemos a intervenção divina em nossa vida.

A viúva demonstrou grande fé ao obedecer à orientação de Elias e compartilhar sua última refeição com ele. Em sua obediência, ela experimentou a abundante provisão de Deus, pois sua jarra de farinha e a botija de azeite nunca se esgotaram. Isso nos lembra que, quando confiamos em Deus e obedecemos a Sua vontade, encontramos pertencimento em Sua abundante provisão.

Às vezes, em nossa vida, podemos experimentar um profundo senso de isolamento e solidão. No entanto, mesmo em nossas necessidades mais profundas, podemos encontrar pertencimento em Deus. O milagre da provisão de Deus não apenas sustentou a vida da viúva e de seu filho, mas também restaurou a comunidade ao redor. A viúva e Elias se tornaram uma família espiritual, compartilhando a fé e o cuidado mútuo.

Encontramos pertencimento em Deus quando nos unimos a outros em comunhão e serviço.

Reflexão

A história da viúva de Sarepta nos ensina que, mesmo em tempos de desespero, podemos encontrar pertencimento na provisão de Deus. Que possamos confiar na direção divina, obedecer à Sua vontade e compartilhar nossa fé com outros, construindo uma comunidade de pertencimento em Deus, onde todos são cuidados e amados.

Oração

Amado Deus, assim como a viúva de Sarepta encontrou pertencimento em Tua provisão divina e em uma comunidade restaurada, ajuda-me a confiar em Tua orientação em momentos de necessidade, a obedecer à Tua vontade e a compartilhar minha fé e amor com outros. Que minha vida seja um testemunho do Teu amor e cuidado, e que eu encontre pertencimento na comunhão com aqueles que buscam a Tua presença. Amém.

NOTAS

IMPORTANTE

LISTA DE TAREFAS

- ○
- ○
- ○
- ○
- ○
- ○
- ○
- ○
- ○
- ○

Outras informações:

OBJETIVOS E METAS DO MÊS

Devocional 5
COLECIONE MOMENTOS

Segunda-feira	Terça-feira	Quarta-feira	Quinta-feira
___/___/___	___/___/___	___/___/___	___/___/___
___/___/___	___/___/___	___/___/___	___/___/___
___/___/___	___/___/___	___/___/___	___/___/___
___/___/___	___/___/___	___/___/___	___/___/___
___/___/___	___/___/___	___/___/___	___/___/___
___/___/___	___/___/___	___/___/___	___/___/___

....
....
....
....
....

Sexta-feira	Sábado	Domingo
___/___/___	___/___/___	___/___/___
___/___/___	___/___/___	___/___/___
___/___/___	___/___/___	___/___/___
___/___/___	___/___/___	___/___/___
___/___/___	___/___/___	___/___/___
___/___/___	___/___/___	___/___/___

SEMANA 1

SEGUNDA-FEIRA	TERÇA-FEIRA	QUARTA-FEIRA	QUINTA-FEIRA
○ ○ ○	○ ○ ○	○ ○ ○	○ ○ ○
○ ○ ○	○ ○ ○	○ ○ ○	○ ○ ○
○ ○ ○	○ ○ ○	○ ○ ○	○ ○ ○

SEMANA 1

SEXTA-FEIRA	SÁBADO	DOMINGO

PESSOAS IMPORTANTES

LISTA DE TAREFAS

....
....
....
....
....
....
....

MOMENTOS ESPECIAIS

SEMANA 2

SEGUNDA-FEIRA	TERÇA-FEIRA	QUARTA-FEIRA	QUINTA-FEIRA
○ ○ ○	○ ○ ○	○ ○ ○	○ ○ ○
○ ○ ○	○ ○ ○	○ ○ ○	○ ○ ○
○ ○ ○	○ ○ ○	○ ○ ○	○ ○ ○

SEMANA 2

SEXTA-FEIRA | **SÁBADO** | **DOMINGO**

PESSOAS IMPORTANTES

LISTA DE TAREFAS

MOMENTOS ESPECIAIS

SEMANA 3

SEGUNDA-FEIRA	TERÇA-FEIRA	QUARTA-FEIRA	QUINTA-FEIRA
○○○	○○○	○○○	○○○
○○○	○○○	○○○	○○○
○○○	○○○	○○○	○○○

SEMANA 3

| SEXTA-FEIRA | SÁBADO | DOMINGO |

PESSOAS IMPORTANTES

LISTA DE TAREFAS

MOMENTOS ESPECIAIS

SEMANA 4

SEGUNDA-FEIRA	TERÇA-FEIRA	QUARTA-FEIRA	QUINTA-FEIRA
○ ○ ○	○ ○ ○	○ ○ ○	○ ○ ○
○ ○ ○	○ ○ ○	○ ○ ○	○ ○ ○
○ ○ ○	○ ○ ○	○ ○ ○	○ ○ ○

SEMANA 4

SEXTA-FEIRA	SÁBADO	DOMINGO

PESSOAS IMPORTANTES

LISTA DE TAREFAS

MOMENTOS ESPECIAIS

ISABEL: UMA JORNADA DE PERTENCIMENTO NO PLANO DIVINO

6.

Devocional

LUCAS 1:6-13

"Zacarias e Isabel eram justos aos olhos de Deus e obedeciam cuidadosamente a todos os mandamentos e estatutos do Senhor. Não tinham filhos, pois Isabel era estéril, e ambos já estavam bem velhos. Certo dia, Zacarias estava servindo diante de Deus no templo, pois seu grupo realizava o trabalho sacerdotal, conforme a escala. Foi escolhido por sorteio, como era costume dos sacerdotes, para entrar no santuário do Senhor e queimar incenso. Enquanto o incenso era queimado, uma grande multidão orava do lado de fora. Então um anjo do Senhor lhe apareceu, à direita do altar de incenso. Ao vê-lo, Zacarias ficou muito abalado e assustado. O anjo, porém, lhe disse: 'Não tenha medo, Zacarias! Sua oração foi ouvida. Isabel, sua esposa, lhe dará um filho, e você o chamará João.'"

A história de Isabel na Bíblia é uma bela narrativa de como uma mulher encontrou pertencimento no plano de Deus, apesar das circunstâncias desafiadoras. Nesta devocional, exploraremos a vida de Isabel e as lições que podemos aprender sobre encontrar pertencimento em Deus.

Isabel e seu marido Zacarias enfrentaram anos de oração e de espera por um filho, apesar da idade avançada. Deus, em Sua misericórdia, finalmente respondeu às orações de Isabel e Zacarias, concedendo-lhes um filho, João Batista. Isabel reconheceu a graça de Deus em sua vida, ela sabia que sua bênção era uma parte maior do plano de Deus para a redenção do mundo.

Às vezes, em nossa vida, podemos sentir que estamos esperando por algo que parece impossível. No entanto, mesmo em nossa espera mais longa, podemos encontrar pertencimento em Deus, sabendo que Ele tem um plano perfeito. Quando confiamos em Deus e continuamos a buscá-Lo, Suas promessas são cumpridas em Seu tempo perfeito.

O filho de Isabel, João Batista, foi escolhido por Deus para cumprir uma missão especial como precursor do Messias. Isabel apoiou essa missão, mesmo que isso significasse a separação de seu filho. Isso nos ensina que nosso pertencimento em Deus envolve alinhar nossa vida com Sua vontade, mesmo que isso exija sacrifício.

Reflexão

A história de Isabel nos ensina que podemos encontrar pertencimento no plano de Deus, mesmo quando enfrentamos a espera, as promessas cumpridas, a gratidão e os sacrifícios. Que possamos confiar em Deus em cada estação de nossa vida e encontrar pertencimento em Sua obra maravilhosa.

Oração

Querido Deus, assim como Isabel encontrou pertencimento em Teu plano divino, eu busco encontrar meu lugar em Ti. Ajuda-me a confiar em Tua soberania mesmo quando as circunstâncias parecem desafiadoras. Que eu possa esperar com fé, louvar com gratidão e alinhar minha vida com Tua vontade, mesmo quando isso requer sacrifício. Que minha jornada seja um testemunho do Teu amor e da Tua fidelidade. Amém.

NOTAS

IMPORTANTE

LISTA DE TAREFAS

- ○
- ○
- ○
- ○
- ○
- ○
- ○
- ○
- ○

Outras informações:

OBJETIVOS E METAS DO MÊS

Devocional 6
COLECIONE MOMENTOS

Segunda-feira	Terça-feira	Quarta-feira	Quinta-feira
___/___/___	___/___/___	___/___/___	___/___/___
___/___/___	___/___/___	___/___/___	___/___/___
___/___/___	___/___/___	___/___/___	___/___/___
___/___/___	___/___/___	___/___/___	___/___/___
___/___/___	___/___/___	___/___/___	___/___/___
___/___/___	___/___/___	___/___/___	___/___/___

....
....
....
....
....

Sexta-feira	Sábado	Domingo
__/__/__	__/__/__	__/__/__
__/__/__	__/__/__	__/__/__
__/__/__	__/__/__	__/__/__
__/__/__	__/__/__	__/__/__
__/__/__	__/__/__	__/__/__
__/__/__	__/__/__	__/__/__

SEMANA 1

SEGUNDA-FEIRA	TERÇA-FEIRA	QUARTA-FEIRA	QUINTA-FEIRA
○○○	○○○	○○○	○○○
○○○	○○○	○○○	○○○
○○○	○○○	○○○	○○○

SEMANA 1

SEXTA-FEIRA	SÁBADO	DOMINGO

PESSOAS IMPORTANTES

LISTA DE TAREFAS

MOMENTOS ESPECIAIS

SEMANA 2

SEGUNDA-FEIRA	TERÇA-FEIRA	QUARTA-FEIRA	QUINTA-FEIRA
○ ○ ○	○ ○ ○	○ ○ ○	○ ○ ○
○ ○ ○	○ ○ ○	○ ○ ○	○ ○ ○
○ ○ ○	○ ○ ○	○ ○ ○	○ ○ ○

SEMANA 2

SEXTA-FEIRA	SÁBADO	DOMINGO

PESSOAS IMPORTANTES

LISTA DE TAREFAS

MOMENTOS ESPECIAIS

SEMANA 3

SEGUNDA-FEIRA	TERÇA-FEIRA	QUARTA-FEIRA	QUINTA-FEIRA
○ ○ ○	○ ○ ○	○ ○ ○	○ ○ ○
○ ○ ○	○ ○ ○	○ ○ ○	○ ○ ○
○ ○ ○	○ ○ ○	○ ○ ○	○ ○ ○

SEMANA 3

SEXTA-FEIRA	SÁBADO	DOMINGO

PESSOAS IMPORTANTES

LISTA DE TAREFAS

MOMENTOS ESPECIAIS

SEMANA 4

SEGUNDA-FEIRA	TERÇA-FEIRA	QUARTA-FEIRA	QUINTA-FEIRA
○○○	○○○	○○○	○○○
○○○	○○○	○○○	○○○
○○○	○○○	○○○	○○○

SEMANA 4

SEXTA-FEIRA	SÁBADO	DOMINGO

PESSOAS IMPORTANTES

LISTA DE TAREFAS

MOMENTOS ESPECIAIS

RUTE: UMA JORNADA DE PERTENCIMENTO NA HISTÓRIA DA REDENÇÃO

7.

Devocional

RUTE 1:16-17
"Rute respondeu: 'Não insista comigo para deixá-la e voltar. Aonde você for, irei; onde você viver, lá viverei. Seu povo será o meu povo, e seu Deus, o meu Deus. Onde você morrer, ali morrerei e serei sepultada. Que o Senhor me castigue severamente se eu permitir que qualquer coisa, a não ser a morte, nos separe'!"

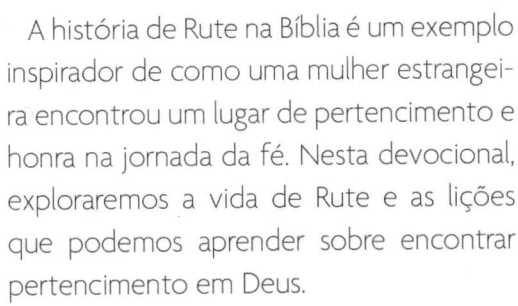

A história de Rute na Bíblia é um exemplo inspirador de como uma mulher estrangeira encontrou um lugar de pertencimento e honra na jornada da fé. Nesta devocional, exploraremos a vida de Rute e as lições que podemos aprender sobre encontrar pertencimento em Deus.

Rute fez uma escolha corajosa ao seguir sua sogra, Noemi, para uma terra estrangeira após a morte de seu marido. Sua decisão demonstrou lealdade, amor e uma disposição de seguir Deus em meio a incertezas. Ela trabalhou humildemente colhendo nas terras de Boaz, um parente de Noemi.

Sua fidelidade ao trabalho e sua disposição de confiar na provisão divina atraíram a atenção e o favor de Boaz. Boaz reconheceu o caráter excepcional de Rute e a honrou, garantindo-lhe proteção e segurança.

Rute e Boaz se casaram e tiveram um filho, Obede, que se tornou avô do Rei Davi.

A história de Rute é uma história de redenção e restauração, em que Deus usou sua fé e lealdade para trazer bênçãos inesperadas.

Às vezes, em nossa jornada, também enfrentamos decisões difíceis, mas quando escolhemos seguir a Deus, encontramos pertencimento em Sua direção. Quando confiamos em Deus, Ele pode transformar nossa vida e nos dar um lugar de pertencimento na história da redenção divina. Da mesma forma, quando confiamos na provisão de Deus e nos dedicamos ao que Ele nos chama a fazer, encontramos pertencimento em Sua provisão.

Reflexão

A história de Rute nos ensina que, ao fazer escolhas corajosas, confiar na provisão de Deus, viver com integridade e seguir fielmente Sua direção, podemos encontrar um lugar de pertencimento na jornada da fé. Que possamos seguir o exemplo de Rute em nossa própria caminhada, confiando que Deus nos guiará e nos dará um lugar especial em Sua história.

Oração

Pai querido, assim como Rute encontrou um lugar de pertencimento na jornada da fé, eu anseio por descobrir meu lugar em Ti. Ajuda-me a fazer escolhas corajosas, a confiar em Tua provisão, a viver com integridade e a seguir fielmente Tua direção. Que minha jornada seja uma história de redenção e restauração, onde Tua graça transforma minha vida e me dá um lugar especial em Tua história divina. Amém.

NOTAS

IMPORTANTE

LISTA DE TAREFAS
-
-
-
-
-
-
-
-
-
-
-
-

Outras informações:

OBJETIVOS E METAS DO MÊS

Devocional 7

COLECIONE MOMENTOS

Segunda-feira	Terça-feira	Quarta-feira	Quinta-feira
___/___/___	___/___/___	___/___/___	___/___/___
___/___/___	___/___/___	___/___/___	___/___/___
___/___/___	___/___/___	___/___/___	___/___/___
___/___/___	___/___/___	___/___/___	___/___/___
___/___/___	___/___/___	___/___/___	___/___/___
___/___/___	___/___/___	___/___/___	___/___/___

....
....
....
....
....

Sexta-feira	Sábado	Domingo
__/__/__	__/__/__	__/__/__
__/__/__	__/__/__	__/__/__
__/__/__	__/__/__	__/__/__
__/__/__	__/__/__	__/__/__
__/__/__	__/__/__	__/__/__
__/__/__	__/__/__	__/__/__

SEMANA 1

SEGUNDA-FEIRA	TERÇA-FEIRA	QUARTA-FEIRA	QUINTA-FEIRA
○○○	○○○	○○○	○○○
○○○	○○○	○○○	○○○
○○○	○○○	○○○	○○○

SEMANA 1

SEXTA-FEIRA	SÁBADO	DOMINGO

PESSOAS IMPORTANTES

LISTA DE TAREFAS

....
....
....
....
....
....
....

MOMENTOS ESPECIAIS

SEMANA 2

SEGUNDA-FEIRA	TERÇA-FEIRA	QUARTA-FEIRA	QUINTA-FEIRA
○○○	○○○	○○○	○○○
○○○	○○○	○○○	○○○
○○○	○○○	○○○	○○○

SEMANA 2

SEXTA-FEIRA	SÁBADO	DOMINGO

PESSOAS IMPORTANTES

LISTA DE TAREFAS

MOMENTOS ESPECIAIS

SEMANA 3

SEGUNDA-FEIRA	TERÇA-FEIRA	QUARTA-FEIRA	QUINTA-FEIRA
○ ○ ○	○ ○ ○	○ ○ ○	○ ○ ○
○ ○ ○	○ ○ ○	○ ○ ○	○ ○ ○
○ ○ ○	○ ○ ○	○ ○ ○	○ ○ ○

SEMANA 3

SEXTA-FEIRA	SÁBADO	DOMINGO

PESSOAS IMPORTANTES

LISTA DE TAREFAS

MOMENTOS ESPECIAIS

SEMANA 4

SEGUNDA-FEIRA	TERÇA-FEIRA	QUARTA-FEIRA	QUINTA-FEIRA
○ ○ ○	○ ○ ○	○ ○ ○	○ ○ ○
○ ○ ○	○ ○ ○	○ ○ ○	○ ○ ○
○ ○ ○	○ ○ ○	○ ○ ○	○ ○ ○

SEMANA 4

SEXTA-FEIRA	SÁBADO	DOMINGO

PESSOAS IMPORTANTES

LISTA DE TAREFAS

MOMENTOS ESPECIAIS

ENCONTRANDO UM PERTENCIMENTO VALIOSO NA PRESENÇA DE JESUS

8.

Devocional

> **LUCAS 10:38-42**
> "Jesus e seus discípulos seguiram viagem e chegaram a um povoado onde uma mulher chamada Marta os recebeu em sua casa. Sua irmã, Maria, sentou-se aos pés de Jesus e ouvia o que ele ensinava. Marta, porém, estava ocupada com seus muitos afazeres. Foi a Jesus e disse: 'Senhor, não o incomoda que minha irmã fique aí sentada enquanto eu faço todo o trabalho? Diga-lhe que venha me ajudar!'. Mas o Senhor respondeu: 'Marta, Marta, você se preocupa e se inquieta com todos esses detalhes. Apenas uma coisa é necessária. Quanto a Maria, ela fez a escolha certa, e ninguém tomará isso dela.'"

A história de Marta na Bíblia nos mostra como uma mulher dedicada pode encontrar um pertencimento valioso na presença de Jesus. Nesta devocional, exploraremos a vida de Marta e as lições que podemos aprender sobre encontrar pertencimento em Jesus.

Marta era conhecida por sua hospitalidade e disposição de servir. Ela abriu sua casa para Jesus e Seus discípulos, demonstrando cuidado e generosidade. No entanto, Marta também estava ansiosa e preocupada com muitas coisas enquanto servia. Isso a distraiu da presença de Jesus.

Jesus gentilmente lembrou a Marta sobre a importância de priorizar Sua presença sobre as preocupações do mundo. Ela aprendeu que o verdadeiro pertencimento vem da comunhão com Jesus. Às vezes, podemos nos preocupar tanto com as responsabilidades que nos esquecemos de aproveitar o momento na presença de Deus. Encontrar pertencimento em Jesus envolve descansar em Sua presença e ouvir Sua voz. Quando nos concentramos em conhecer e amar a Cristo acima de tudo, encontramos um pertencimento duradouro e significativo.

A história de Marta não termina com sua preocupação. Ela teve uma segunda chance de aprender com Jesus e, mais tarde, demonstrou uma fé profunda em Cristo após a morte de Lázaro. Isso nos lembra que, mesmo quando falhamos, Jesus nos oferece novamente a oportunidade de crescer e encontrar pertencimento genuíno em Sua presença.

Reflexão

A história de Marta nos ensina que, embora possamos encontrar significado no serviço e na hospitalidade, o verdadeiro pertencimento é encontrado na presença de Jesus. Que possamos aprender a priorizar Sua presença, descansar em Seu amor e encontrar nosso pertencimento mais profundo Nele, crescendo em nossa fé e amor por Ele a cada dia.

Oração

Querido Senhor, assim como Marta aprendeu a priorizar Sua presença sobre as preocupações do mundo, eu anseio por encontrar pertencimento valioso em Tua presença. Ajuda-me a equilibrar meus deveres e responsabilidades com momentos de comunhão contigo. Que eu possa aprender a descansar em Teu amor e a ouvir Tua voz, encontrando pertencimento genuíno em Ti. Amém.

NOTAS

IMPORTANTE

LISTA DE TAREFAS
- ◯
- ◯
- ◯
- ◯
- ◯
- ◯
- ◯
- ◯
- ◯
- ◯

Outras informações:

OBJETIVOS E METAS DO MÊS

Devocional 8
COLECIONE MOMENTOS

Segunda-feira	Terça-feira	Quarta-feira	Quinta-feira
___/___/___	___/___/___	___/___/___	___/___/___
___/___/___	___/___/___	___/___/___	___/___/___
___/___/___	___/___/___	___/___/___	___/___/___
___/___/___	___/___/___	___/___/___	___/___/___
___/___/___	___/___/___	___/___/___	___/___/___
___/___/___	___/___/___	___/___/___	___/___/___

....
....
....
....
....

Sexta-feira	Sábado	Domingo
__/__/__	__/__/__	__/__/__
__/__/__	__/__/__	__/__/__
__/__/__	__/__/__	__/__/__
__/__/__	__/__/__	__/__/__
__/__/__	__/__/__	__/__/__
__/__/__	__/__/__	__/__/__

SEMANA 1

SEGUNDA-FEIRA	TERÇA-FEIRA	QUARTA-FEIRA	QUINTA-FEIRA

SEMANA 1

SEXTA-FEIRA	SÁBADO	DOMINGO
○ ○ ○	○ ○ ○	○ ○ ○
○ ○ ○	○ ○ ○	○ ○ ○
○ ○ ○	○ ○ ○	○ ○ ○

PESSOAS IMPORTANTES

LISTA DE TAREFAS

....
....
....
....
....
....
....
....

MOMENTOS ESPECIAIS

SEMANA 2

SEGUNDA-FEIRA	TERÇA-FEIRA	QUARTA-FEIRA	QUINTA-FEIRA
○○○	○○○	○○○	○○○
○○○	○○○	○○○	○○○
○○○	○○○	○○○	○○○

SEMANA 2

SEXTA-FEIRA	SÁBADO	DOMINGO

PESSOAS IMPORTANTES

LISTA DE TAREFAS

MOMENTOS ESPECIAIS

SEMANA 3

SEGUNDA-FEIRA	TERÇA-FEIRA	QUARTA-FEIRA	QUINTA-FEIRA
○○○	○○○	○○○	○○○
○○○	○○○	○○○	○○○
○○○	○○○	○○○	○○○

SEMANA 3

SEXTA-FEIRA	SÁBADO	DOMINGO

PESSOAS IMPORTANTES

LISTA DE TAREFAS

....
....
....
....
....
....
....
....

MOMENTOS ESPECIAIS

SEMANA 4

SEGUNDA-FEIRA	TERÇA-FEIRA	QUARTA-FEIRA	QUINTA-FEIRA

SEMANA 4

SEXTA-FEIRA	SÁBADO	DOMINGO

PESSOAS IMPORTANTES

LISTA DE TAREFAS

MOMENTOS ESPECIAIS

DESCOBRINDO E CUMPRINDO SEU PROPÓSITO

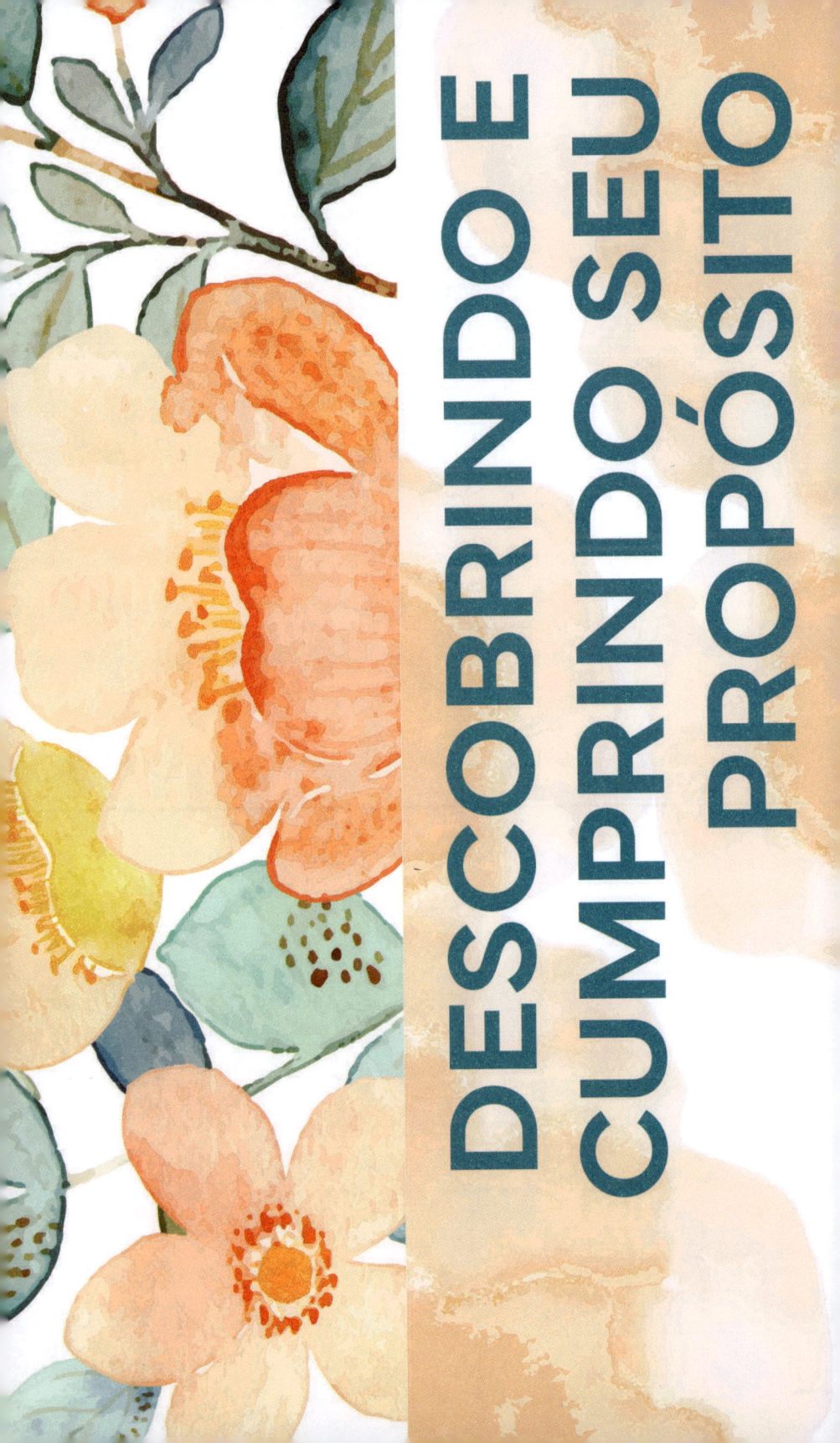

9.

Devocional

> **ESTER 4:14**
> "Se ficar calada num momento como este, alívio e livramento virão de outra parte para os judeus, mas você e seus parentes morrerão. Quem sabe não foi justamente para uma ocasião como esta que você chegou à posição de rainha?"

A história de Ester na Bíblia é um exemplo inspirador de como uma mulher descobriu e cumpriu seu propósito em um momento crucial da história. Nesta devocional, exploraremos a vida de Ester e as lições que podemos aprender sobre descobrir e cumprir nosso propósito.

Ester foi escolhida por Deus para se tornar rainha no momento exato em que seu povo, os judeus, enfrentavam uma ameaça de extermínio. Ester demonstrou coragem ao arriscar sua própria vida ao se aproximar do rei e interceder em favor de seu povo. Ester não apenas intercedeu pelo seu povo, mas também desempenhou um papel crucial na salvação dos judeus da ameaça de Hamã. Ela estava cumprindo o propósito de Deus para a preservação de Seu povo.

Os judeus celebram o Purim em memória da vitória de Ester e da salvação de seu povo. Esta celebração destaca a importância de lembrar e celebrar o cumprimento do propósito de Deus. Encontramos significado em nosso próprio propósito quando refletimos sobre as maneiras pelas quais Deus trabalhou e trabalha em nossa vida e nas vidas daqueles ao nosso redor.

Encontrar e cumprir nosso propósito muitas vezes requer coragem para agir, mesmo quando enfrentamos desafios. Ester nos lembra que, com a orientação de Deus, podemos superar o medo e tomar medidas corajosas. Ela nos ensina que podemos encontrar propósito em responder ao chamado de Deus para "um tempo como este".

Reflexão

A história de Ester nos lembra que nosso propósito pode ser descoberto em momentos cruciais da vida, em situações desafiadoras e em responder ao chamado de Deus. Que possamos aprender com Ester a ser corajosas, a agir em favor do bem e a celebrar o cumprimento do propósito de Deus em nossa vida e nas vidas dos outros.

Oração

Querido Deus, ajuda-me a ouvir Teu chamado, a ter coragem para agir e a contribuir para o bem e a salvação daqueles ao meu redor. Que eu possa lembrar e celebrar as maneiras pelas quais Tu trabalhas em minha vida e no mundo ao meu redor. Amém.

NOTAS

IMPORTANTE

LISTA DE TAREFAS
- ◯
- ◯
- ◯
- ◯
- ◯
- ◯
- ◯
- ◯
- ◯
- ◯

Outras informações:

OBJETIVOS E METAS DO MÊS

Devocional 9
COLECIONE MOMENTOS

Segunda-feira	Terça-feira	Quarta-feira	Quinta-feira
___/___/___	___/___/___	___/___/___	___/___/___
___/___/___	___/___/___	___/___/___	___/___/___
___/___/___	___/___/___	___/___/___	___/___/___
___/___/___	___/___/___	___/___/___	___/___/___
___/___/___	___/___/___	___/___/___	___/___/___
___/___/___	___/___/___	___/___/___	___/___/___

Sexta-feira	Sábado	Domingo
___/___/___	___/___/___	___/___/___
___/___/___	___/___/___	___/___/___
___/___/___	___/___/___	___/___/___
___/___/___	___/___/___	___/___/___
___/___/___	___/___/___	___/___/___
___/___/___	___/___/___	___/___/___

SEMANA 1

SEGUNDA-FEIRA	TERÇA-FEIRA	QUARTA-FEIRA	QUINTA-FEIRA
○○○	○○○	○○○	○○○
○○○	○○○	○○○	○○○
○○○	○○○	○○○	○○○

SEMANA 1

SEXTA-FEIRA	SÁBADO	DOMINGO

PESSOAS IMPORTANTES

LISTA DE TAREFAS

MOMENTOS ESPECIAIS

SEMANA 2

SEGUNDA-FEIRA	TERÇA-FEIRA	QUARTA-FEIRA	QUINTA-FEIRA
○○○	○○○	○○○	○○○
○○○	○○○	○○○	○○○
○○○	○○○	○○○	○○○

SEMANA 2

SEXTA-FEIRA	SÁBADO	DOMINGO

PESSOAS IMPORTANTES

LISTA DE TAREFAS

MOMENTOS ESPECIAIS

SEMANA 3

SEGUNDA-FEIRA	TERÇA-FEIRA	QUARTA-FEIRA	QUINTA-FEIRA
○ ○ ○	○ ○ ○	○ ○ ○	○ ○ ○
○ ○ ○	○ ○ ○	○ ○ ○	○ ○ ○
○ ○ ○	○ ○ ○	○ ○ ○	○ ○ ○

SEMANA 3

SEXTA-FEIRA	SÁBADO	DOMINGO

PESSOAS IMPORTANTES

LISTA DE TAREFAS

MOMENTOS ESPECIAIS

SEMANA 4

SEGUNDA-FEIRA	TERÇA-FEIRA	QUARTA-FEIRA	QUINTA-FEIRA
○ ○ ○	○ ○ ○	○ ○ ○	○ ○ ○
○ ○ ○	○ ○ ○	○ ○ ○	○ ○ ○
○ ○ ○	○ ○ ○	○ ○ ○	○ ○ ○

SEMANA 4

SEXTA-FEIRA	SÁBADO	DOMINGO

PESSOAS IMPORTANTES

LISTA DE TAREFAS

MOMENTOS ESPECIAIS

JOANA: DESCOBRINDO PROPÓSITO NA JORNADA DE FÉ E SERVIÇO A JESUS

10.

Devocional

LUCAS 8:1-3
"Pouco tempo depois, Jesus começou a percorrer as cidades e os povoados vizinhos, anunciando as boas-novas a respeito do reino de Deus. Iam com ele os Doze e também algumas mulheres que tinham sido curadas de espíritos impuros e enfermidades. Entre elas, estava Maria Madalena, de quem ele havia expulsado sete demônios; Joana, esposa de Cuza, administrador de Herodes; Susana, e muitas outras que contribuíam com seus próprios recursos para o sustento de Jesus e seus discípulos."

A história de Joana na Bíblia é um exemplo inspirador de como uma mulher dedicou sua vida a seguir e servir Jesus. Nesta devocional, exploraremos a vida de Joana e as lições que podemos aprender sobre descobrir nosso propósito na jornada de servir a Cristo.

Joana era uma das mulheres que acompanhavam Jesus e Seus discípulos durante Seu ministério terreno. Ela reconheceu a singularidade e a importância de seguir a Cristo. Joana e outras mulheres contribuíram financeiramente para o ministério de Jesus e cuidaram das necessidades práticas de Seu grupo. Seu ministério era de apoio e serviço prático.

Após a ressurreição de Jesus, Joana esteve presente para testemunhar o evento e cuidar do corpo de Cristo. Ela estava lá para expressar sua devoção e gratidão a Ele. A história de Joana é registrada nas Escrituras, e sua devoção a Jesus continua a inspirar gerações. Isso nos ensina que nosso propósito pode ter um impacto duradouro, mesmo quando não vemos imediatamente os resultados de nosso serviço.

Assim como Joana, encontramos nosso propósito quando respondemos ao chamado de Jesus para segui-Lo de perto, em ser testemunhas fiéis do poder e do amor de Jesus em nossa vida. Encontrar propósito muitas vezes envolve servir nos bastidores, garantindo que a obra de Deus prossiga sem obstáculos.

Reflexão

A história de Joana nos lembra que nosso propósito é encontrado na jornada de servir a Cristo, seja acompanhando-O de perto, apoiando Seu ministério, testemunhando Seu poder ou deixando um impacto duradouro em Seu nome. Que possamos aprender com Joana a dedicar nossa vida a seguir e servir a Jesus, encontrando nosso propósito na devoção a Ele.

Oração

Querido Senhor, assim como Joana encontrou seu propósito na jornada de servir a Jesus, eu anseio por entender e cumprir meu próprio propósito na Tua vontade. Ajuda-me a seguir de perto a Cristo, a servir com dedicação, a expressar gratidão por Sua obra em minha vida e a deixar um impacto duradouro em Teu nome. Que minha jornada seja marcada por devoção a Ti, encontrando significado e propósito em cada passo. Amém.

NOTAS

IMPORTANTE

LISTA DE TAREFAS
- ○
- ○
- ○
- ○
- ○
- ○
- ○
- ○
- ○
- ○

Outras informações:

OBJETIVOS E METAS DO MÊS

Devocional 10
COLECIONE MOMENTOS

Segunda-feira	Terça-feira	Quarta-feira	Quinta-feira
___/___/___	___/___/___	___/___/___	___/___/___
___/___/___	___/___/___	___/___/___	___/___/___
___/___/___	___/___/___	___/___/___	___/___/___
___/___/___	___/___/___	___/___/___	___/___/___
___/___/___	___/___/___	___/___/___	___/___/___
___/___/___	___/___/___	___/___/___	___/___/___

Sexta-feira	Sábado	Domingo
___/___/___	___/___/___	___/___/___
___/___/___	___/___/___	___/___/___
___/___/___	___/___/___	___/___/___
___/___/___	___/___/___	___/___/___
___/___/___	___/___/___	___/___/___
___/___/___	___/___/___	___/___/___

SEMANA 1

SEGUNDA-FEIRA	TERÇA-FEIRA	QUARTA-FEIRA	QUINTA-FEIRA
○ ○ ○	○ ○ ○	○ ○ ○	○ ○ ○
○ ○ ○	○ ○ ○	○ ○ ○	○ ○ ○
○ ○ ○	○ ○ ○	○ ○ ○	○ ○ ○

SEMANA 1

SEXTA-FEIRA	SÁBADO	DOMINGO

PESSOAS IMPORTANTES

LISTA DE TAREFAS

MOMENTOS ESPECIAIS

SEMANA 2

SEGUNDA-FEIRA	TERÇA-FEIRA	QUARTA-FEIRA	QUINTA-FEIRA
○○○	○○○	○○○	○○○
○○○	○○○	○○○	○○○
○○○	○○○	○○○	○○○

SEMANA 2

SEXTA-FEIRA	SÁBADO	DOMINGO

PESSOAS IMPORTANTES

LISTA DE TAREFAS

MOMENTOS ESPECIAIS

SEMANA 3

SEGUNDA-FEIRA	TERÇA-FEIRA	QUARTA-FEIRA	QUINTA-FEIRA
○ ○ ○	○ ○ ○	○ ○ ○	○ ○ ○
○ ○ ○	○ ○ ○	○ ○ ○	○ ○ ○
○ ○ ○	○ ○ ○	○ ○ ○	○ ○ ○

SEMANA 3

SEXTA-FEIRA	SÁBADO	DOMINGO

PESSOAS IMPORTANTES

LISTA DE TAREFAS

MOMENTOS ESPECIAIS

SEMANA 4

SEGUNDA-FEIRA	TERÇA-FEIRA	QUARTA-FEIRA	QUINTA-FEIRA

SEMANA 4

SEXTA-FEIRA	SÁBADO	DOMINGO

PESSOAS IMPORTANTES

LISTA DE TAREFAS

MOMENTOS ESPECIAIS

DESCOBRINDO O PROPÓSITO DA HUMANIDADE

LIÇÕES DE EVA, A MÃE DE TODOS

11.

Devocional

GÊNESIS 3:20
"O homem, Adão, deu à sua mulher o nome de Eva, pois ela seria a mãe de toda a humanidade."

A história de Eva na Bíblia nos lembra do propósito fundamental da humanidade. O próprio nome "Eva" carrega um significado profundo que ilustra nosso papel na criação de Deus. Nesta devocional, exploraremos as lições que podemos aprender com a criação de Eva e seu nome, revelando o propósito da humanidade.

O nome "Eva" deriva da palavra hebraica "Chavah", que significa "vida" ou "aquela que dá a vida". O nome Eva é uma recordação constante de nosso papel como portadoras da vida e como instrumentos de Deus para a continuação da humanidade.

Nosso propósito fundamental é trazer vida, seja biologicamente, emocionalmente, por adoção ou vida espiritual, ao mundo ao nosso redor.

Deus criou Adão e Eva à Sua imagem, infundindo em nós a capacidade de refletir Sua natureza e Seu caráter. Como "aqueles que dão a vida", nosso propósito inclui refletir o amor, a graça e a generosidade de Deus para com os outros. Somos chamadas a ser fontes de bênçãos e vida para aqueles que nos cercam.

Assim como Eva foi incumbida de ser "aquela que dá a vida" em um sentido literal como mãe, também somos chamadas a ser guardiãs da vida e da criação de Deus. Isso significa cuidarmos umas das outras, protegermos os vulneráveis e sermos boas mordomas dos recursos naturais que Deus nos deu.

Apesar da queda de Eva e Adão, Deus providenciou um plano de redenção por meio de Jesus Cristo, a "Luz da Vida". Nosso propósito inclui aceitar a redenção que Deus oferece, ser restauradas em nosso relacionamento com Ele e compartilhar a mensagem da vida eterna com o mundo.

Reflexão

A história de Eva e o significado de seu nome nos lembram que o propósito da humanidade é ser portadora da vida de Deus, refletindo Sua imagem e Seu caráter, cuidando da criação e compartilhando a mensagem da redenção por meio de Jesus Cristo. Que possamos viver de acordo com o significado de nosso nome e cumprir nosso papel como portadoras da vida e da graça de Deus.

Oração

Querido Deus, assim como Eva, cujo nome significa "aquela que dá a vida," ajuda-me a entender o propósito profundo que Tu tens para mim. Capacita-me a refletir Tua vida e amor para aqueles ao meu redor, a ser guardiã da criação que Tu nos confiaste e a compartilhar a mensagem da redenção através de Jesus Cristo. Que a minha vida seja um testemunho da Tua graça e do significado do meu nome, à medida que busco cumprir o propósito da vida que Tu me deste. Amém.

NOTAS

IMPORTANTE

LISTA DE TAREFAS
- ○
- ○
- ○
- ○
- ○
- ○
- ○
- ○
- ○
- ○

Outras informações:

OBJETIVOS E METAS DO MÊS

Devocional 11
COLECIONE MOMENTOS

Segunda-feira	Terça-feira	Quarta-feira	Quinta-feira
___/___/___	___/___/___	___/___/___	___/___/___
___/___/___	___/___/___	___/___/___	___/___/___
___/___/___	___/___/___	___/___/___	___/___/___
___/___/___	___/___/___	___/___/___	___/___/___
___/___/___	___/___/___	___/___/___	___/___/___
___/___/___	___/___/___	___/___/___	___/___/___

....
....
....
....
....

Sexta-feira	Sábado	Domingo
__/__/__	__/__/__	__/__/__
__/__/__	__/__/__	__/__/__
__/__/__	__/__/__	__/__/__
__/__/__	__/__/__	__/__/__
__/__/__	__/__/__	__/__/__
__/__/__	__/__/__	__/__/__

SEMANA 1

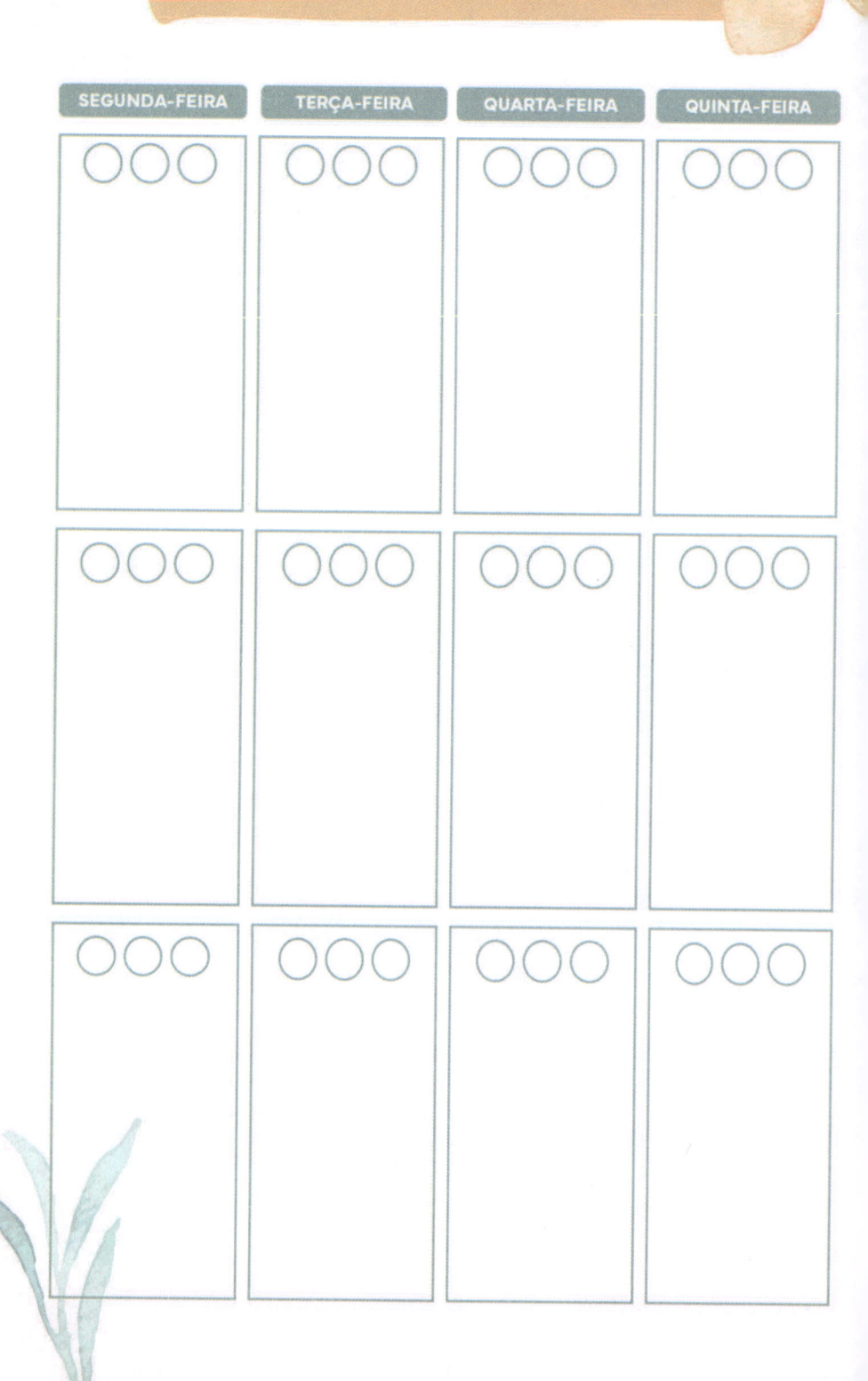

SEGUNDA-FEIRA	TERÇA-FEIRA	QUARTA-FEIRA	QUINTA-FEIRA
○○○	○○○	○○○	○○○
○○○	○○○	○○○	○○○
○○○	○○○	○○○	○○○

SEMANA 1

SEXTA-FEIRA	SÁBADO	DOMINGO

PESSOAS IMPORTANTES

LISTA DE TAREFAS

....
....
....
....
....
....
....
....

MOMENTOS ESPECIAIS

SEMANA 2

SEGUNDA-FEIRA	TERÇA-FEIRA	QUARTA-FEIRA	QUINTA-FEIRA
○ ○ ○	○ ○ ○	○ ○ ○	○ ○ ○
○ ○ ○	○ ○ ○	○ ○ ○	○ ○ ○
○ ○ ○	○ ○ ○	○ ○ ○	○ ○ ○

SEMANA 2

SEXTA-FEIRA	SÁBADO	DOMINGO

PESSOAS IMPORTANTES

LISTA DE TAREFAS

MOMENTOS ESPECIAIS

SEMANA 3

SEGUNDA-FEIRA	TERÇA-FEIRA	QUARTA-FEIRA	QUINTA-FEIRA
○○○	○○○	○○○	○○○
○○○	○○○	○○○	○○○
○○○	○○○	○○○	○○○

SEMANA 3

SEXTA-FEIRA	SÁBADO	DOMINGO

PESSOAS IMPORTANTES

LISTA DE TAREFAS

....
....
....
....
....
....
....
....

MOMENTOS ESPECIAIS

SEMANA 4

SEGUNDA-FEIRA	TERÇA-FEIRA	QUARTA-FEIRA	QUINTA-FEIRA

SEMANA 4

SEXTA-FEIRA	SÁBADO	DOMINGO	PESSOAS IMPORTANTES

LISTA DE TAREFAS

MOMENTOS ESPECIAIS

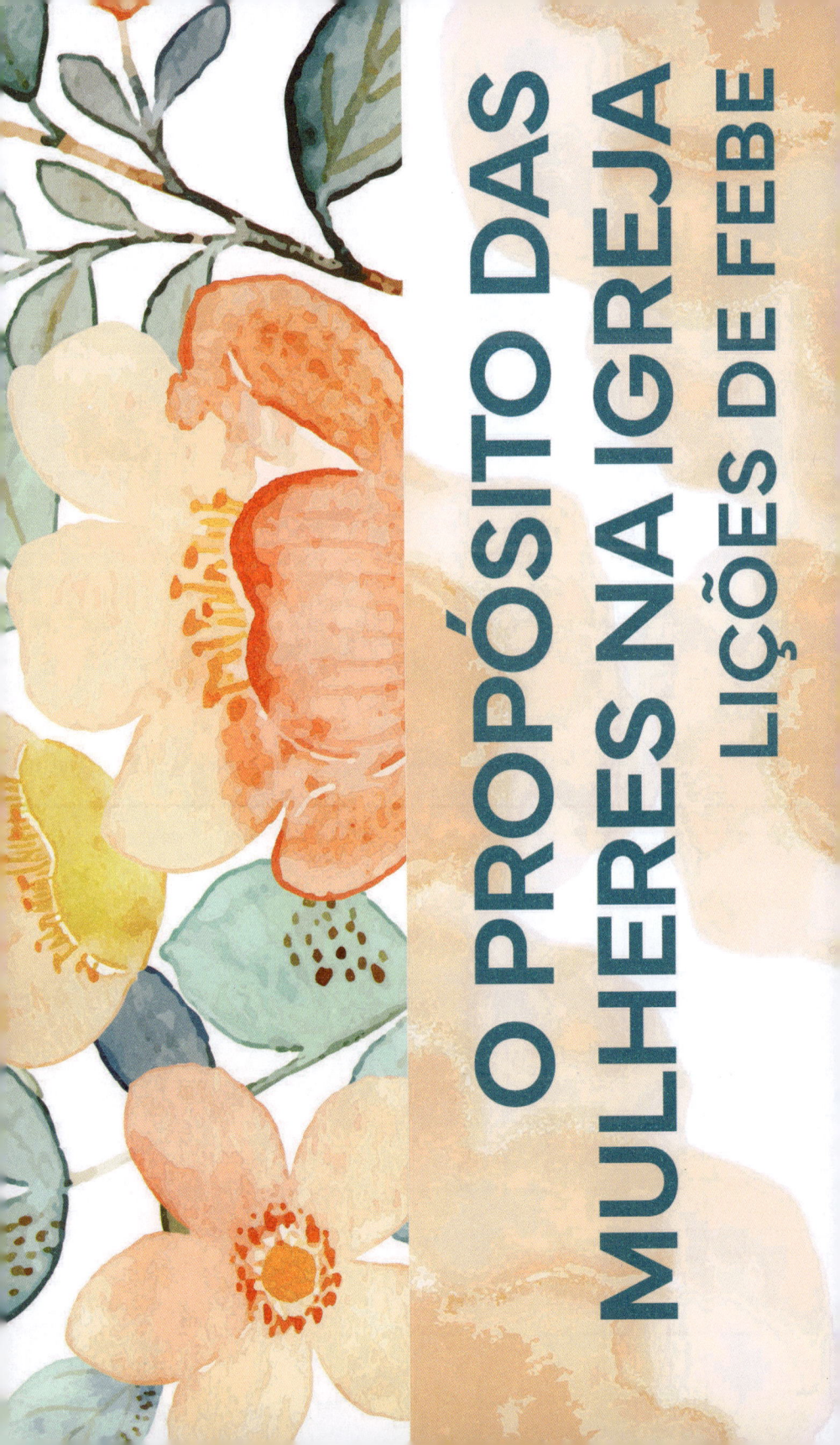

O PROPÓSITO DAS MULHERES NA IGREJA

LIÇÕES DE FEBE

12.

Devocional

> **ROMANOS 16:1-2**
> "Recomendo-lhes nossa irmã Febe, que serve à igreja em Cencreia. Recebam-na no Senhor, como uma pessoa digna de honra no meio do povo santo. Ajudem-na no que ela precisar, pois tem sido de grande ajuda para muitos, especialmente para mim."

A Bíblia nos apresenta personagens notáveis que desempenharam papéis significativos na história da igreja cristã. Uma dessas mulheres é Febe, mencionada por Paulo na carta aos Romanos como uma serva da igreja em Cencréia. Embora saibamos pouco sobre sua vida, podemos aprender importantes lições sobre o propósito das mulheres na igreja e na vida cristã por meio de seu exemplo.

Paulo descreve Febe como uma serva da igreja em Cencréia. Isso nos lembra que as mulheres desempenham um papel fundamental na obra do ministério cristão, contribuindo com seus dons, seus talentos e seus serviços. O propósito das mulheres na igreja inclui serem servas e colaboradoras na expansão do Reino de Deus.

Embora a Bíblia não forneça muitos detalhes sobre o trabalho específico de Febe, sua menção por Paulo sugere que ela tinha influência e liderança na igreja em Cencréia. Febe é chamada de "protetora" de muitos, incluindo Paulo.

O propósito das mulheres na igreja também inclui demonstrar compaixão e cuidado pelos membros da comunidade. Febe, como muitas mulheres na igreja, desempenhou um papel importante em cuidar das necessidades físicas e espirituais daqueles ao seu redor.

Isso destaca a importância do apoio e da parceria das mulheres na missão da igreja. As mulheres desempenham um papel vital em apoiar e encorajar líderes e ministros, ajudando a cumprir o propósito da igreja, ou seja, as mulheres podem desempenhar papéis de liderança e influência na igreja, contribuindo para seu crescimento e vitalidade.

Reflexão

A história de Febe nos lembra que o propósito das mulheres na igreja é vasto e diversificado, abrangendo serviço, liderança, apoio, compaixão e cuidado. Como mulheres cristãs, podemos seguir o exemplo de Febe ao desempenhar nossos papéis com dedicação, amor e compromisso, contribuindo para o crescimento da igreja e a expansão do Reino de Deus. Que possamos encontrar alegria e significado em nosso propósito na vida cristã e na igreja.

Oração

Querido Jesus, obrigada pela inspiração de Febe e por nos lembrar do propósito das mulheres na igreja e na vida cristã. Capacita-me a abraçar meu papel com dedicação, amor e compromisso, seja servindo, liderando, apoiando, demonstrando compaixão ou cuidando dos outros. Que eu encontre alegria e significado em contribuir para o crescimento da igreja e a expansão do Teu Reino. Amém.

NOTAS

....
....
....
....
....
....
....
....
....
....
....
....
....
....
....

IMPORTANTE

....
....
....
....
....
....
....
....
....
....

LISTA DE TAREFAS

- ○ ....
- ○ ....
- ○ ....
- ○ ....
- ○ ....
- ○ ....
- ○ ....
- ○ ....
- ○ ....
- ○ ....

Outras informações:

....
....
....
....

OBJETIVOS E METAS DO MÊS

Devocional 12
COLECIONE MOMENTOS

Segunda-feira	Terça-feira	Quarta-feira	Quinta-feira
___/___/___	___/___/___	___/___/___	___/___/___
___/___/___	___/___/___	___/___/___	___/___/___
___/___/___	___/___/___	___/___/___	___/___/___
___/___/___	___/___/___	___/___/___	___/___/___
___/___/___	___/___/___	___/___/___	___/___/___
___/___/___	___/___/___	___/___/___	___/___/___

....
....
....
....
....

Sexta-feira	Sábado	Domingo
___/___/___	___/___/___	___/___/___
___/___/___	___/___/___	___/___/___
___/___/___	___/___/___	___/___/___
___/___/___	___/___/___	___/___/___
___/___/___	___/___/___	___/___/___
___/___/___	___/___/___	___/___/___

SEMANA 1

SEGUNDA-FEIRA	TERÇA-FEIRA	QUARTA-FEIRA	QUINTA-FEIRA
○ ○ ○	○ ○ ○	○ ○ ○	○ ○ ○
○ ○ ○	○ ○ ○	○ ○ ○	○ ○ ○
○ ○ ○	○ ○ ○	○ ○ ○	○ ○ ○

SEMANA 1

SEXTA-FEIRA	SÁBADO	DOMINGO

PESSOAS IMPORTANTES

LISTA DE TAREFAS

MOMENTOS ESPECIAIS

SEMANA 2

SEGUNDA-FEIRA	TERÇA-FEIRA	QUARTA-FEIRA	QUINTA-FEIRA
○○○	○○○	○○○	○○○
○○○	○○○	○○○	○○○
○○○	○○○	○○○	○○○

SEMANA 2

SEXTA-FEIRA	SÁBADO	DOMINGO

PESSOAS IMPORTANTES

LISTA DE TAREFAS

MOMENTOS ESPECIAIS

SEMANA 3

SEGUNDA-FEIRA	TERÇA-FEIRA	QUARTA-FEIRA	QUINTA-FEIRA
○ ○ ○	○ ○ ○	○ ○ ○	○ ○ ○
○ ○ ○	○ ○ ○	○ ○ ○	○ ○ ○
○ ○ ○	○ ○ ○	○ ○ ○	○ ○ ○

SEMANA 3

SEXTA-FEIRA	SÁBADO	DOMINGO

PESSOAS IMPORTANTES

LISTA DE TAREFAS

MOMENTOS ESPECIAIS

SEMANA 4

SEGUNDA-FEIRA	TERÇA-FEIRA	QUARTA-FEIRA	QUINTA-FEIRA
○ ○ ○	○ ○ ○	○ ○ ○	○ ○ ○
○ ○ ○	○ ○ ○	○ ○ ○	○ ○ ○
○ ○ ○	○ ○ ○	○ ○ ○	○ ○ ○

SEMANA 4

SEXTA-FEIRA	SÁBADO	DOMINGO

PESSOAS IMPORTANTES

LISTA DE TAREFAS

MOMENTOS ESPECIAIS

Memórias
Relembre momentos importantes do ano

JANEIRO
....
....
....
....

FEVEREIRO
....
....
....
....

MARÇO
....
....
....
....

ABRIL
....
....
....
....

MAIO

JUNHO

JULHO

AGOSTO

Memórias

SETEMBRO

OUTUBRO

NOVEMBRO

DEZEMBRO

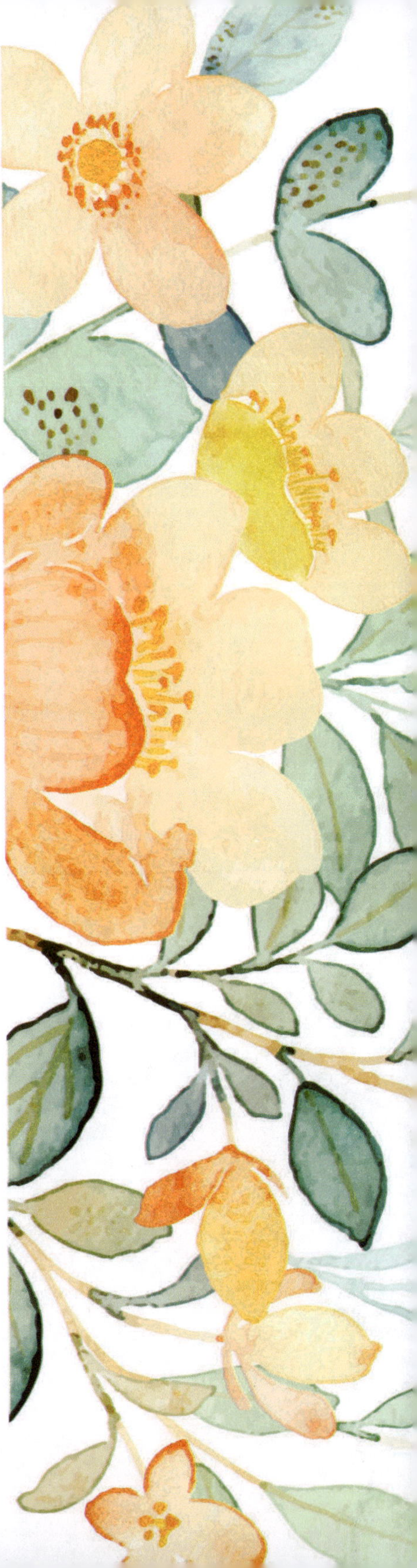

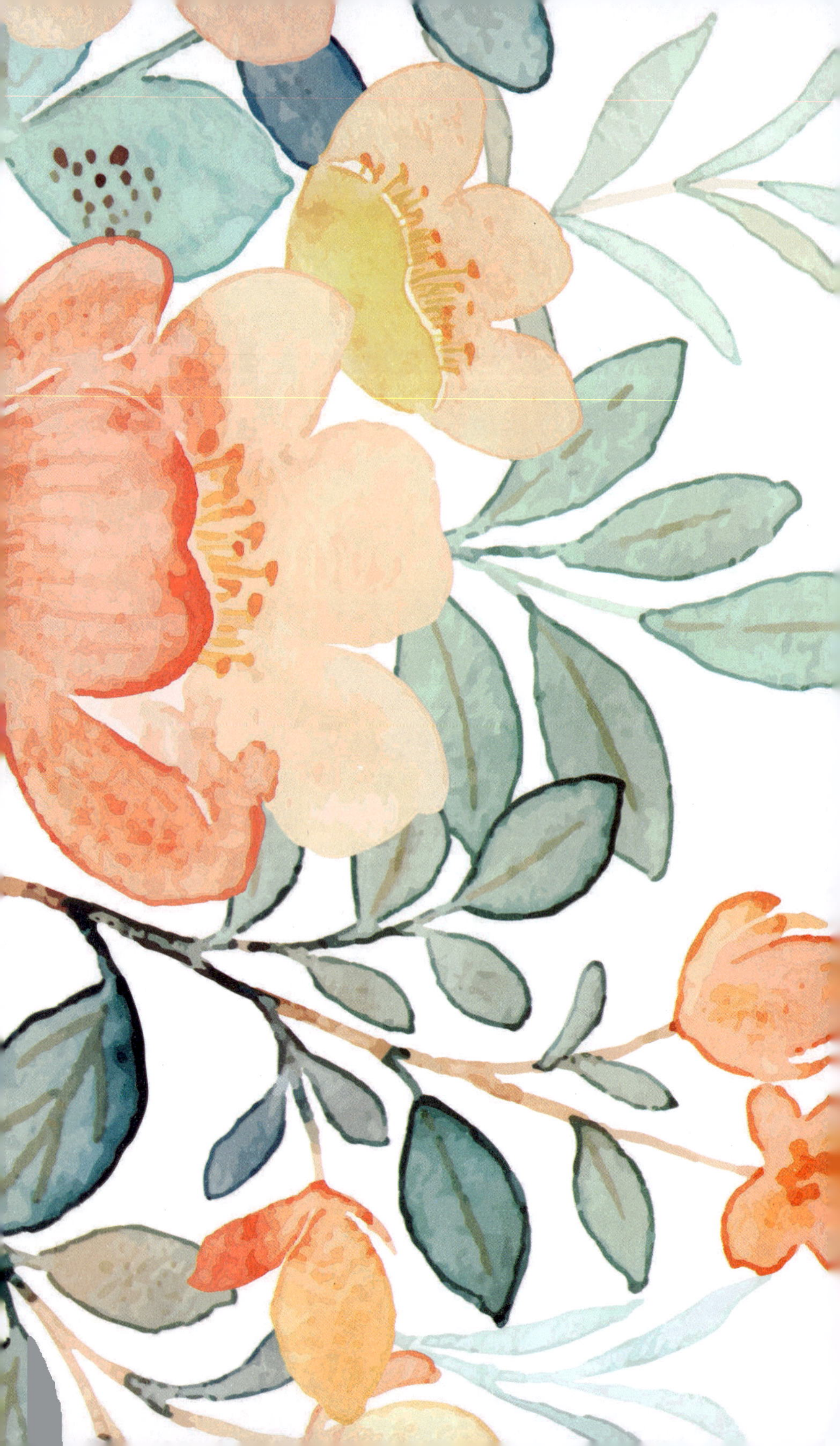

Conheça o Movimento Flores

Movimento Flores é o movimento de mulheres da Igreja ADAI, liderado pela Pastora Tati Soeiro.

Entendemos que, como filhas, temos um chamado: amar a Deus, ser gentil com a humanidade, e tornar Jesus famoso em toda a Terra. Esse chamado pode ser encarado de diversas formas, mas estamos conscientes de que, para o Movimento Flores, isso se traduz em adoração e missão.

Por isso, nos últimos anos, iniciamos os projetos "Por todas nós" e "Fluxo do amor". Com esses projetos, declaramos sobre a vida de mulheres o amor do nosso Deus. Ele, somente Ele, é o nosso refúgio e fortaleza, mesmo nas situações mais sombrias que podemos viver.

O "Por todas nós" é um projeto que diz respeito a uma grave realidade social: a violência doméstica. Esse problema atinge grande parte das mulheres no país. No meio cristão, a situação é ainda mais séria, pois a maioria das vítimas que busca ajuda em suas comunidades de fé é aconselhada a ser paciente, orar e voltar para o marido agressor.

Com muita coragem, determinação e força, o projeto oferece capacitação profissional em abrigos, por meio de cursos profissionalizantes, em parceria com o Sebrae Delas. Visando resgatar a dignidade dessas mulheres e incentivando-as a não serem dependentes financeiras de seus agressores, concedemos auxílio com os recursos necessários para que sejam microempreendedoras, como assessoria, mentoria e suporte financeiro. Além disso, o projeto realiza encontros com palestras de suporte psicológico e jurídico, assim como escutas individuais e coletivas de mulheres em situação de risco.

Os frutos têm sido vidas de mulheres transformadas por meio da unidade, parceria e aconselhamento, oferecendo o máximo de dignidade e justiça a todas elas.

O "Fluxo do amor" é um projeto que aborda um tema muito importante para nossa sociedade: a falta do acesso básico à higiene feminina. Também chamada de pobreza menstrual, a situação de precariedade leva a consequências como faltas recorrentes na escola e necessidade de usar jornal, papelão e miolo de pão no lugar de absorvente.

O projeto se movimenta com a arrecadação de absorventes em nossa Igreja ADAI e com doações de kits personalizados com pacotes de absorventes e folders com uma mensagem especial a todas as meninas nas escolas.

Além disso, foram iniciadas palestras em escolas com um conteúdo muito didático sobre higiene pessoal e informações sobre a primeira menstruação.

Esse projeto não ficou apenas no Brasil, em nossas comunidades. Tivemos a oportunidade de estendê-lo à Índia por meio da nossa missionária Sophia Castro e de toda equipe Nissi Índia.

Nessa ação, além de doarmos dois pacotes de absorventes reutilizáveis para cada mulher, elas também tiveram uma palestra educacional sobre o ciclo menstrual, como elas devem se cuidar e como devem utilizar os absorventes.

São projetos desafiadores e temos uma capacidade humana muito limitada para o tipo de força que precisamos. Mas é aqui que o Senhor entra. Ele sabe que não somos fortes, então Ele nos faz fortes. E, mais que isso, nos coloca juntas, para fortalecermos umas às outras!

É nessa verdade, como Movimento Flores, que te convidamos a fazer parte disso.

Se junte a nós, amando a Deus, sendo gentil com a humanidade e tornando Jesus famoso em toda terra.

Se desejar saber mais sobre algum desses projetos, mande um e-mail para **contato@adai.com.br**

Redes Sociais:

Sites:
www.adai.com.br
www.movimentoflores.com.br

Instagram:
@tatisoeiro
@movimentoflores
@adai_oficial

Faça planos!

Vida

Copyright © 2023 by Tati Soeiro
Copyright © 2023 by Editora Ágape

Todos os textos foram extraídos da Bíblia Sagrada Nova Versão Internacional – NVI

Editor: Luiz Vasconcelos
Coordenação editorial: Letícia Teófilo
Organização de texto: Pastora Tati Soeiro
Ilustração de capa e de miolo: ADAI Creative – Vanessa Julio, Guilherme Nascimento, Ana Eloisa do Vale e Beliza Minozzi
Projeto gráfico e diagramação: Manoela Dourado
Revisão: Editora Ágape

Dados Internacionais de Catalogação na Publicação (CIP)
Angélica Ilacqua CRB-8/7057

Planner vida / [Tatiane Soeiro]. -- Barueri, SP : Ágape, 2023.
224 p.: il., color.

ISBN 978-65-5724-104-2

1. Agendas – Planejamento 2. Calendários 3. Vida cristã 4. Palavra de Deus I. Soeiro, Tatiane

23-5744   CDD 808.883

Índice para catálogo sistemático:
1. Agendas – Planejamento

2023
IMPRESSO NO BRASIL
PRINTED IN BRAZIL
DIREITOS CEDIDOS PARA ESTA EDIÇÃO À
EDITORA ÁGAPE LTDA.

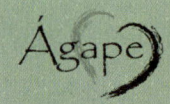

CEA – Centro Empresarial Araguaia II
Alameda Araguaia, 2190 – 11º Andar – Bloco A – Conjunto 1111
CEP 06455-000 – Alphaville – SP
Tel. (11) 3699-7107 – Fax (11) 3699-7323
www.editoraagape.com.br | atendimento@agape.com.br